¿Qué dice la Biblia sobre el liderazgo? Si alguna vez se ha preguntado esto, entonces este libro es para usted. Tom Harper analiza los aspectos esenciales del liderazgo y nos brinda un fundamento bíblico para un liderazgo sano que honre a Dios. El autor desafiará y ampliará la visión que usted tiene sobre el liderazgo de servicio y lo equipará con un marco bíblico para desarrollar un liderazgo de alto rendimiento.

Jenni Catron
Autora, conferencista y fundadora de *The 4Sight Group*

¿Qué ha sido llamado a lograr usted como líder siervo? *La fuerza del líder siervo* lo llevará a alcanzar sus metas con fervor, excelencia y base bíblica. En estas páginas, encontrará infinidad de versículos que lo edificarán y lo llenarán con la seguridad de que Jesús está a su lado... ¡porque así es!

Kyle Idleman
Autor de *not a fan* y *Don't Give Up*

La fuerza del líder siervo, el nuevo libro de Tom Harper, es perfecto para llevar su liderazgo al siguiente nivel. De manera brillante, Harper profundiza en las Escrituras para mostrarnos la congruencia que existe entre ser un líder fuerte, pero también un líder que sirve. En otras palabras, este libro lo inspirará y lo animará a liderar más como Jesús... ¡y no hay nada más que decir!

Dave Ferguson
Autor de *Hero Maker: Five Essential Practices for Leaders to Multiply Leaders*

El líder siervo es manso, pero no débil. *La fuerza del líder siervo* de Tom Harper ofrece un régimen de gran densidad bíblica para edificar la fortaleza principal de un verdadero líder siervo. Creo que este libro es un recurso inestimable para el líder que desea tener un éxito eterno.

Mike Sharrow
Director general de *The C12 Group*

En su libro *La fuerza del líder siervo*, Tom Harper brinda un mapa de ruta bíblico para desenvolvernos en medio de la tensión de liderar como siervos en todas las dimensiones de nuestra vida. Este libro me llevó a analizar y calibrar mi liderazgo, tanto en lo personal como en el ámbito profesional. ¡Recurro a Tom como mi asesor en la fe y en el trabajo!

Daniel Montgomery
Director general de *Leadership Reality* y autor de *How to Be Present in an Absent World: A Leader's Guide to Showing Up, Paying Attention, and Becoming Fully Human*

Tom me pidió que escribiera una breve recomendación para su libro. Acepté porque sé que Tom escribe cosas muy buenas y me alegró poder apoyar su nuevo material. Lo que yo no sabía era cuánto necesitaba leer lo que luego iba a recomendar. Este libro tan útil llegó en un gran momento en mi trayectoria de liderazgo personal y encontré en él una gran fuente de estímulo. Usted también lo experimentará.

Ron Edmondson
Director general de *Leadership Network*

Este libro lleno de pasajes bíblicos brinda una teología práctica del liderazgo de servicio. Lo animo a que lea esta obra con detenimiento, que medite atentamente en cada pasaje de las Escrituras y que permita a Dios trabajar estos conceptos en su vida. Si lee un capítulo por semana disfrutará de varias semanas leyendo la Palabra de Dios sobre el tema de la fortaleza en el liderazgo de servicio. Un libro práctico y desafiante que le brindará una mirada fresca al liderazgo bíblico. ¡Lo recomiendo!

Dr. Dann Spader
Autor de *4 Chair Discipling: What Jesus Calls Us to Do* (que forma parte de la serie *Like Jesus*)

TOM R. HARPER

LA *Fuerza* DEL LÍDER SIERVO

CÓMO COMBINAR LA SABIDURÍA BÍBLICA CON EL LIDERAZGO DE ALTO RENDIMIENTO

LA FUERZA DEL LÍDER SIERVO
Cómo combinar la sabiduría bíblica con el liderazgo de alto rendimiento

Edición en español:
© 2023 Tom R. Harper
DeepWater Books, 13100 Eastpoint Park Blvd., Louisville, KY 40223 EE.UU.

Título original: *Servant Leader Strong*
© 2019 Tom R. Harper
DeepWater Books, 13100 Eastpoint Park Blvd., Louisville, KY 40223 EE.UU.

Traducción al español: Honora B. Campioni

Todos los derechos reservados. El autor garantiza que la totalidad del contenido de esta obra es original y que no infringe derecho legal alguno de ninguna otra persona u obra. Queda prohibida la reproducción parcial o total de esta publicación por cualquier medio sin el permiso del autor.

A menos que se indique lo contrario, todas las citas bíblicas se han tomado de la Santa Biblia Nueva Versión Internacional (NVI), © 1999, 2015 por Biblica, Inc.®. Usado con permiso de Biblica, Inc.® Reservados todos los derechos en todo el mundo.

Las citas bíblicas marcadas como BLP se han tomado de la Biblia La Palabra (versión española), © 2010 Texto y Edición, Sociedad Bíblica de España.

Las citas bíblicas marcadas como DHH se han tomado de la Biblia Dios habla hoy®, © Sociedades Bíblicas Unidas, 1966, 1970, 1979, 1983, 1996.

Las citas bíblicas marcadas como NBLA se han tomado de la Nueva Biblia de las Américas™ NBLA™ © 2005 The Lockman Foundation.

Las citas bíblicas marcadas como NBV se han tomado de la Nueva Biblia Viva, © 2006, 2008 Biblica, Inc.® Usado con permiso de Biblica, Inc.® Reservados todos los derechos en todo el mundo.

Las citas bíblicas marcadas como NTV se han tomado de la Santa Biblia, Nueva Traducción Viviente, © Tyndale House Foundation, 2010. Todos los derechos reservados.

Las citas bíblicas marcadas como PDT se han tomado de la Biblia Palabra de Dios para Todos, © 2005, 2008, 2012, 2015 Centro Mundial de Traducción de La Biblia, © 2005, 2008, 2012, 2015 Bible League International.

Las citas bíblicas marcadas como RVA se han tomado de la Biblia Versión Reina Valera Actualizada, © 2015 Editorial Mundo Hispano.

Las citas bíblicas marcadas como RVC se han tomado de la Biblia Reina Valera Contemporánea, © 2009, 2011 Sociedades Bíblicas Unidas.

ISBN: 978-0-9994671-9-0

Impreso en los Estados Unidos de América
Printed in the United States of America

Para Karen,
una esposa de carácter noble,
una sierva esforzada del Señor
y un regalo para todo el que la conoce.

«El más importante entre ustedes será siervo de los demás.»

(Mateo 23:11)

«Ahora, Señor, toma en cuenta sus amenazas y concede a tus siervos el proclamar tu palabra sin temor alguno.»

(Hechos 4:29)

ÍNDICE

Prefacio — xv
Prólogo — xxi
Introducción: Esto que llamamos «liderazgo de servicio» — 1

Parte I. Permanecer fuertes: cómo superar la resistencia interna y externa — 5

1. El pecado — 7
   Introducción — 7
   El peor tipo de pecado en el liderazgo — 9
   Apártese deliberadamente del pecado — 11
   Luche contra el pecado con temor — 14
   Gestione el pecado que lo rodea — 16
   Luche contra el pecado con amor — 17

2. La motivación — 21
   Introducción — 21
   Cinco formas de encender el fervor — 23
   El motivador más poderoso para todo líder — 26

ÍNDICE

Evalúe fielmente el futuro	28
Planifique, pero sea flexible	29
Persiga la vida	32
Oración por el impostor que ocupa su lugar	33
Que el hambre lo motive	34
¿Aburrido? ¿Deprimido? Pruebe esto	35

3. Miedo, preocupación y enfrentarse a lo imposible — 39

Introducción	39
Busque desesperadamente la paz de Dios	40
Levante el escudo	43
Cuando enfrenta lo imposible	45
Tema al Señor y no tenga miedo	46

4. Crítica y oposición — 49

Introducción	49
Una forma simple de evitar la crítica	50
Cuando nuestros amigos nos atacan	50
Comprenda el rol de Satanás en el proceso de refinamiento de Dios	52
Frente a las amenazas, recuerde Nehemías 4	54
El plan de tres pasos para un enojo saludable	59
Si lo critican, simplemente haga esto	61
Y si lo siguen criticando…	62
La oposición constante debería dar un solo resultado	63

ÍNDICE

Parte II. Animarse: Cómo desarrollar una valentía indiscutible   67

5. Cuando la división, los insultos y el conflicto son necesarios   69

    Introducción   69

    A veces, el líder debe causar división   71

    No tenga miedo de insultar a la gente con la verdad   72

    Gestione las deficiencias con procesos   74

    Para lanzar la visión, prepárese para causar división   75

    Los líderes bíblicos no deben ser agradables todo el tiempo   77

6. Resistencia y coraje   81

    Introducción   81

    Quítese del medio y déjelo a Dios   82

    Sea fuerte y permanezca quieto   84

    Sea fuerte y vaya   86

    Sea audazmente inseguro   88

    Lidere con la fuerza que usted tiene   89

7. Autoridad y poder   93

    Introducción   93

    No tolere las tonterías   94

    Lo que usted adora es la fuente de poder de su liderazgo   95

    Siga esta ecuación para un liderazgo poderoso   99

    Qué hacer con el poder que usted tiene   100

ÍNDICE

    Cuatro maneras en que los líderes deberían
procurar la gloria personal   102

    Establezca y practique su autoridad   103

8. Fuerza amable   111

    Introducción   111

    Establezca un equilibrio de poder   112

    Utilice la fuerza (amable)   113

    El guerrero amable   114

Parte III. Practicar la excelencia: Cómo aplicar la sabiduría bíblica al rendimiento del liderazgo   117

9. Misión, visión y cultura   119

    Introducción   119

    La cultura no es una cosa, es un resultado   120

    Dos tácticas que cambian la cultura   121

    ¿*Realmente* lidera usted con claridad?   123

    Forme un equipo brillante antes de lanzar
una visión brillante   125

    Eleve su visión   126

10. El personal   129

    Introducción   129

    Subordine las palabras a los hechos   130

    Adopte nuevas acciones   131

    Vea a su organización como una masa informe   136

    ¿Tiene usted una «Brigada A»?   138

11. El éxito — 141

Introducción — 141
Deléitese en el Señor — 142
Siga los desvíos divinos — 143
Permítase tener debilidades — 144
Recicle lo que funciona — 145
Valore la experiencia por sobre el entusiasmo — 146
Prevenga los fracasos causados por asociarnos con otros — 147
Dé — 147
Tenga cuidado con pedir prestado — 148
Mida el éxito correctamente — 150

Parte IV. Profundizar: Cómo desarrollar el liderazgo espiritual en usted mismo y en los demás — 153

12. El llamado y el legado — 155

Introducción — 155
Preste atención a la «ley del trabajo eficaz» — 158
Deje los resultados para otro — 160
Olvídese de edificar un legado — 160

13. Desarrollo del liderazgo — 163

Introducción — 163
Comience en la Palabra… y permanezca en ella — 166
Resista la cultura — 170
Descubra la verdadera humildad — 171
Transite por la humildad hacia la sabiduría — 174

ÍNDICE

    Encuentre una mejor versión de usted mismo — 180

    Tenga cuidado de este silencioso asesino de liderazgos — 181

    No caiga en la falacia de la autenticidad — 182

    Huya de sus hábitos hacia el fuego — 183

    Imite al centurión fiel — 185

    No sea simplemente usted mismo — 186

    ¿Cómo puede usted crecer como líder? — 187

    Cuatro «cuellos de botella» que ahogan su liderazgo — 188

    Lo que otros piensan sí importa — 191

14. Gozo y paz — **193**

    Introducción — 193

    Cuando su tarea termine, renuncie — 195

    Cómo llenarse de gozo — 196

    Fuentes de gozo sorprendentes — 197

15. La vida espiritual más profunda del líder — **201**

    Introducción — 201

    Trabaje según los impulsos de Dios — 203

    Adórelo — 205

    «Ser» más que «hacer» — 208

    Imite la fe de Eva, la taxista — 209

Conclusión: Amigos y hermanos — 213

Para profundizar en el tema — 217

Reconocimientos — 219

Acerca del autor — 221

PREFACIO

«Al contrario, el que quiera hacerse grande entre ustedes deberá ser su servidor, y el que quiera ser el primero deberá ser esclavo de todos.»

(Marcos 10:43b-44)

¿Qué significa el «liderazgo de servicio» para usted? Tanto los libros con gran éxito en las librerías como los medios de comunicación en línea definen a este tipo de líder como alguien que suple las necesidades de la gente con humildad, pero dejan de lado aspectos tales como el sacrificio, la valentía y el riesgo. De más está decir que también dejan de lado a Dios.

Tal vez sea sensato volver a las raíces del movimiento de liderazgo de servicio con el fin de obtener algo de perspectiva en este sentido. Robert K. Greenleaf introdujo este concepto en su innovador ensayo de 1970, *El siervo como líder*, donde afirma: «El líder siervo es, en primer lugar, un siervo [...] Luego, una decisión consciente lo lleva a anhelar el liderazgo».

En las décadas siguientes, el término «liderazgo de servicio» se extendió al habla coloquial. Varios libros, como *Lead Like*

Jesus, de Ken Blanchard (MJF Books, 2005), procuraron establecer un bastión más bíblico, basándose en los escritos fundacionales de Greenleaf. Ciertamente Blanchard captó la atención de los líderes de pensamiento empresariales. Sin embargo, a partir de entonces, los medios de comunicación seculares, como el *Harvard Business Review*, se han referido al liderazgo de servicio sin mención alguna a Jesús.

Hoy en día, especialmente en el mercado, el liderazgo de servicio es poco más que un sinónimo de humildad: si eres humilde, entonces (según esta corriente) eres un líder siervo; si sirves a tu gente, entonces eres parte de la nobleza humilde.

Servir con humildad no es algo malo.

Simplemente es incompleto.

Introdúzcase en la esfera del siervo fuerte

¿Se identifica usted con algunos de los siguientes anhelos?

- «Deseo ser un líder bíblico, pero necesito algo de inspiración nueva».
- «La gente con frecuencia ve mi liderazgo de servicio como una debilidad. Deseo mostrarme más seguro de mí mismo».
- «Quiero servir, pero primero necesito obtener el respeto de los demás.»

Estos sentimientos se hacen eco en las salas de reuniones de las empresas, las iglesias, los gobiernos, las ONG y las universidades. Si usted siente la necesidad de desarrollar autoridad y fuerza antes de intentar el servicio, no está solo. Llegar a ser un siervo humilde implica coraje y confianza en uno mismo.

El liderazgo de servicio se ve posibilitado por la autoridad; pero ¿realmente podemos mostrar autoridad mientras servimos a los demás? ¿Es posible ejercer el poder y exhibir una dedicación al servicio al mismo tiempo?

Ciertamente es una combinación extraña.

Mi travesía

No solo necesitaba escribir este libro, sino también leerlo.

Durante muchos años, me esforcé por liderar en un entorno difícil (de donde obtuve el título para mi libro anterior, *Leading from the Lions' Den* o «Liderando desde el foso de los leones»). A mis colegas parecía irles bien con el conflicto. Evidentemente a mí no.

Intentaba liderar como un siervo, pero no podía competir con el carisma y la intensidad de mis colegas. ¿Cómo liderar cuando la cultura recompensa el ego y el poder?

Luego las cosas cambiaron. Hace unos años me convertí en director general. Algunos empleados se fueron y otros candidatos excepcionales se unieron al equipo.

Sabía que debía elevar mi nivel de liderazgo. Así que acudí a la Biblia. Ya la había utilizado anteriormente como un manual de liderazgo, por lo que decidí profundizar en ella.

Pero esta vez, en lugar de extraer solo un versículo sobre liderazgo de cada uno de los sesenta y seis libros de la Biblia, lo que hice fue marcar cada uno de los versículos que aparecían en las Escrituras que hablaban sobre liderazgo. Después de un tiempo, el Espíritu Santo me guió hacia una visión para este libro que usted ahora tiene en sus manos: **convocar a los líderes con mente de siervos para abogar con valentía por la voluntad de Dios para sus empresas, iglesias, organizaciones y familias**.

Mientras leía la Biblia, me iba inundando de verdades, conceptos e historias que renovaron mi pasión por la Palabra de Dios y por el liderazgo. Cuanto más leía, más me convencía de que debíamos introducir nuevamente la Biblia en el debate sobre el liderazgo de servicio.

Cómo utilizar este libro

Mi anhelo es que este libro se convierta en una herramienta práctica para el desarrollo del liderazgo cristiano. En todos los capítulos he incluido microdevocionales que contienen conceptos compactos y versículos para estudiar, compartir y conversar con otros. Por ejemplo:

> «Pues Dios no nos ha dado un espíritu de temor y timidez sino de poder, amor y autodisciplina.»
> (2 Timoteo 1:7 NTV) ¡Las tres cualidades principales del #liderazgo!

Usted puede acceder a la página servantleaderstrong.com, donde encontrará una lista de todos estos microdevocionales para compartir.

Es mi oración que la Palabra de Dios permanezca en el corazón y la mente del lector mucho después de que mis palabras se hayan desvanecido de su memoria.

> «Pero la palabra de Dios seguía extendiéndose y difundiéndose.»
> *(Hechos 12:24)*

¿Listo para iniciar su propia travesía?

Antes de embarcarnos juntos en esta expedición bíblica, deseo animarlo con estas palabras:

> «Cuando los justos gobiernan, el pueblo se alegra.»
> *(Proverbios 29:2a NTV)*

La gente se alegra cuando hay un líder según Dios que está al mando... ¡así se logra tener empleados comprometidos!

Pero notemos también que aparece el término «gobiernan», que implica más que un siervo que tiene un cargo, ya que sugiere control, fuerza, mando y autoridad. Según la versión libre de la Biblia en idioma inglés llamada *The Message*, podríamos traducir el concepto de los justos que gobiernan como «los que manejan las cosas».

PREFACIO

Así que el liderazgo de servicio abarca mucho más que servir. Y eso es exactamente de lo que trata este libro.

Exploremos juntos, entonces, las riquezas y la profundidad de la Biblia y aprendamos lo que dice acerca de cómo obtener la fuerza de un líder siervo.

PRÓLOGO

Los líderes mejoran a las personas y los lugares. Movilizan a las organizaciones desde donde se encuentran hasta donde deberían estar. Nuestro mundo anhela desesperadamente un buen liderazgo.

Es trágico que, en una era en la que existe una gran demanda de liderazgo, la gente tenga una mala imagen de la mayoría de los líderes. Hoy en día, muchos líderes se sirven a sí mismos, en lugar de servir a los demás, y procuran alcanzar puestos para su propio beneficio, no para edificar a otros. Los políticos se mantienen en sus cargos por décadas y, al finalizar sus mandatos, sus cuentas bancarias se han multiplicado, pero los problemas de sus electores han empeorado. Los ejecutivos de las empresas les cobran enormes cantidades a sus empleados en concepto de participación accionaria, a la vez que utilizan y descartan a muchos de ellos. En los últimos años, hemos escuchado terribles noticias sobre ministros eclesiásticos que han terminado esquilando a sus ovejas, en lugar de pastorearlas con amor e integridad. El mundo clama por líderes confiables que mejoren las vidas de sus seguidores.

PRÓLOGO

Suponemos que la Biblia contiene respuestas para los problemas de la sociedad; sin embargo, con demasiada frecuencia, nos acercamos a las Escrituras simplemente para obtener pensamientos devocionales trillados, mientras que recurrimos al mundo para encontrar la sabiduría que necesitamos para un liderazgo con los pies sobre la tierra. Aunque admiramos a Jesús y a sus discípulos, su estilo de liderazgo, por lo general, nos resulta obsoleto o poco práctico para los desafíos que enfrentamos en nuestro mundo moderno. Después de todo, ¡la mayoría de ellos murieron como mártires! Los líderes modernos generalmente no aspiran a este objetivo.

A menudo surgen malentendidos cuando se habla de «liderazgo de servicio». Típicamente, a Jesús se lo muestra lavando con humildad los pies de sus discípulos y muriendo por ellos. Este tipo de liderazgo es inspirador cuando lo escuchamos en un servicio de la iglesia, pero no parece ser muy eficaz en el moderno mundo empresarial. Sin embargo, esta visión supone un gran error de comprensión tanto de Jesús como del liderazgo de servicio. Sí, Jesús sirvió a sus seguidores, pero siempre fue su líder. Su visión, su autoridad y su influencia no tenían parangón. Jesús no era simplemente un siervo: era un *líder* siervo.

Como resultado del liderazgo de Jesús, el pequeño grupo de seguidores que lideró durante tres años creció hasta convertirse en un movimiento mundial. Dos mil años más tarde, los seguidores de Jesús continúan dando sus vidas por Él. Jesús ha inspirado gran parte de las mayores obras de arte y del pensamiento del mundo. Hoy en día, a pesar de los evidentes problemas que pueda presentar la iglesia, no existe ninguna organización en la tierra que pueda compararse con ella en términos de amplitud, alcance, diversidad e influencia. ¡Ciertamente Jesús se traía algo entre manos!

Me complace mucho el libro de Tom Harper. *La fuerza del líder siervo* brinda una perspectiva esclarecedora del liderazgo práctico y eficaz de Jesús, que nos invita a reflexionar. Muchos autores han abordado este tema anteriormente, pero este libro es especial. Tom es un líder que entiende el liderazgo... es más, él conoce el liderazgo bíblico, de servicio. Tiene una manera de comunicar que cautiva. Este libro es fácil de leer y difícil de dejar.

¿Y por qué necesitamos otro libro sobre liderazgo? Porque todavía no entendemos. Como líderes, debemos seguir aprendiendo y creciendo hasta que lideremos a nuestras familias, nuestras iglesias, nuestros negocios y nuestras instituciones de la manera que Dios lo desea. Hay mucho en juego como para continuar liderando como siempre lo hemos hecho. Este libro lo ayudará a llevar su liderazgo a un nivel superior. Por eso, léalo con atención, reflexionando, de manera personal. Y luego vaya y cambie el mundo para mejor.

Richard Blackaby, PhD
Presidente de *Blackaby Ministries International*
Coautor de *Liderazgo espiritual* y de *Mi experiencia con Dios*

INTRODUCCIÓN: ESTO QUE LLAMAMOS «LIDERAZGO DE SERVICIO»

> «¿Acaso no soy yo el que llena los cielos y la tierra? —afirma el Señor—.» (Jeremías 23:24b) Nuestro #liderazgo es incompleto sin el concepto de Dios.

El mundo ve el liderazgo como a través de un velo. Cuando Dios no está en la ecuación, se ignoran los efectos del pecado, las maquinaciones de Satanás, la influencia del Espíritu Santo, la sabiduría de la Palabra, la santificación de los creyentes mediante las dificultades y los efectos eternos de las decisiones temporales. También se ignora el hecho de que existe un Señor soberano, «el gran rey de toda la tierra» (Salmos 47:2).

> «[...] lo que se ve es pasajero, mientras que lo que no se ve es eterno.» (2 Corintios 4:18) El #liderazgo se centra en lo que no se ve.

Aunque a Dios no se lo ve, ejerce su voluntad sobre los asuntos de los pueblos y las naciones. Las generaciones no son cabalmente conscientes de sus obras: «¡El Señor reina por siempre, tu Dios, Sión, por generaciones!» (Salmo 146:10 BLP). Él se extiende a lo largo de la historia, estableciendo reinos, derrocando gobernantes y llamando a la gente hacia sí mismo.

La invisibilidad de Dios es un misterio. Es como si Él hubiera querido que fuera fácil *no* creer en Él. Y, sin embargo, si usted tiene «ojos para ver», Dios está en todas partes. Es tan profundo e insondable que debe percibirse espiritualmente. Dios se revela a sí mismo a través del amor, de la convicción de pecado y del tramado de la misma naturaleza. Habla de muchas maneras a quienes tienen «oídos para oír».

¿Hasta dónde ha invitado usted a este Dios en su propia vida? ¿Y en su liderazgo? Es mi oración que, después de haber leído este libro, usted desee más de Él en su trabajo diario, ya sea que esté liderando un equipo de tres personas o una empresa de treinta mil empleados.

Mi deseo es mostrarle a usted que se puede confiar en Dios, no solo para la salvación y los aspectos profundamente espirituales de la vida, sino también porque Él dice muchísimas cosas sobre cómo quiere que usted lidere a la gente que lo rodea. La buena noticia es que Dios promete caminar con usted, guiarlo, protegerlo, afilarlo y ser su confidente personal.

Creo que gran parte del liderazgo de servicio se trata de «fuerza bajo control». Siendo el perfecto líder siervo, Jesús contuvo su poder mientras vivió en la tierra, pero no había comenzado de esa manera: inició su vida como un bebé débil e indefenso, tal como nosotros.

> «Dichosos los humildes [...] los compasivos [...] los de corazón limpio [...] los que trabajan por la paz.» (Mateo 5:5-9) El estilo de #liderazgo de Jesús comienza con la paz.

Aunque comenzó en paz, Jesús también ejerció un brillante estilo de liderazgo acreditado que infundía respeto y que inspiró a miles de seguidores a estar dispuestos a morir por Él.

Y aunque probablemente nosotros mismos no atraigamos este tipo de servidores incondicionales, Jesús nos promete algo increíble: «Ciertamente les aseguro que el que cree en mí las obras que yo hago también él las hará, y aun las hará mayores» (Juan 14:12).

Por lo tanto, hemos sido hechos para este trabajo. Y así lo entendió Pablo, el «superapóstol», cuando escribió lo siguiente:

> «[...] he trabajado con más tesón que todos ellos, aunque no yo, sino la gracia de Dios que está conmigo.» (1 Corintios 15:10) El verdadero #liderazgo es DIOS trabajando.

Pablo reveló cuál era el poder que había detrás de sus grandes logros, un poder que también está a nuestro alcance: «la gracia de Dios que está conmigo».

Esto es liderazgo de servicio: lleno de gracia y de paz, de poder y de autoridad.

Alinear nuestro concepto de liderazgo

Observamos que el liderazgo según Dios es mucho más que descubrir lo que la organización debería ser y hacer para lograr el éxito. Y también es mucho más que preparar a nuestros seguidores para ser exitosos (aunque ciertamente incluye estos conceptos).

El liderazgo según Dios comienza, prospera y crece a lo largo del tiempo a medida que el líder desarrolla su carácter, buenos seguidores, sabiduría y, más importante aún, un caminar sólido con el Espíritu Santo.

Así que, habiendo colocado nuestros fundamentos, comencemos desde un lugar incómodo.

PARTE I

PERMANECER FUERTES: CÓMO SUPERAR LA RESISTENCIA INTERNA Y EXTERNA

CAPÍTULO 1

EL PECADO

Introducción

> «Nada hay tan engañoso como el corazón. No tiene remedio.»
>
> *(Jeremías 17:9a)*

A pesar de lo que pueda creer cualquier no cristiano promedio, la gente no es inherentemente buena. La Biblia lo deja bien claro. Somos pecadores no solo en palabras, en obras o en pensamientos, sino en nuestra propia naturaleza.

Debido a esta naturaleza, no podemos evitar pecar. Podemos pecar menos cuando el Espíritu Santo vive dentro de nosotros, pero creo que incluso los cristianos más devotos se sorprenderán cuando entren al cielo y miren para atrás, hacia sus vidas terrenales. Probablemente retrocederemos con espanto ante los miles de «pequeños» pecados que cometimos y a los cuales no les dimos importancia.

Existen muchos asesinos del liderazgo, pero el pecado es el más insidioso. Nos hace la guerra desde todos los frentes. Envía pequeños destacamentos para hostigarnos, mientras que su artillería se posiciona para lanzar un ataque completo. Y cuando pensamos que lo hemos vencido, surge nuevamente, gruñendo, de entre las sombras.

Demasiados líderes han caído por algún pecado personal: mal carácter, un predominante orgullo, mentiras, adulterio... lo que todos sabemos. Cuando nos sentimos seguros de no ser un objetivo y bajamos la guardia, es en ese preciso momento que Satanás ataca.

Por lo tanto, debemos construir murallas de defensa fuertes. La Palabra de Dios nos exhorta a anticiparnos a nuestro enemigo, a ser vigilantes en cada puesto de avanzada de nuestra vida y nuestro trabajo. Dios también nos da su Palabra para contrarrestar todo ataque y tentación.

> «[...] el pecado te acecha [...]. No obstante, tú puedes dominarlo.» (Génesis 4:7) El pecado no nos controla.

Si deseamos liderar como siervos, debemos resistir a este tirano, ya que, cuando el pecado gobierna a un líder, sus seguidores también son vulnerables.

Paradójicamente, nuestro verdadero Maestro está dentro de nosotros, justo donde residen nuestros pecados más profundos.

> «[...] Límpiame de estas faltas ocultas. ¡Libra a tu siervo de pecar intencionalmente!» (Salmo 19:12-13 NTV) El #liderazgo comienza dentro de nosotros con Dios.

La batalla sin fin que libramos contra el pecado es más intensa en lo que respecta a nuestro yo oculto. Analicemos, entonces, de qué manera el pecado puede corroer nuestra vida interior antes de salir a la luz.

El peor tipo de pecado en el liderazgo

¿Qué cosas acechan dentro del líder? Lujuria, estrés, fatiga, orgullo, impaciencia, amargura, celos... cosas muy oscuras.

La mayoría de los pecados pueden esconderse del mundo exterior. Pero cuando los secretos no se confiesan al Señor, estos se infectan, crecen, se arraigan y amenazan con aflorar al exterior.

Estos pecados son peligrosos cuando salen a la luz. Pongamos por caso a un pastor casado que escondió un amorío con otra pastora de la iglesia durante varios años. La gente de la congregación no podía encontrar las razones por las cuales la iglesia había dejado de crecer y había sufrido divisiones. Podemos imaginar la desolación que sufrieron cuando el amorío se hizo público.

¿Cómo puede ocurrir algo así?

> «[...] cada uno es tentado cuando sus propios malos deseos lo arrastran y seducen. Luego, cuando el deseo ha concebido, engendra el pecado; y el pecado, una vez que ha sido consumado, da a luz la muerte.» (Santiago 1:14-15)

El pecado sexual secreto del pastor había quemado su conciencia. Después de haberse salido con la suya durante tantos años, no sentía la necesidad de arrepentirse y alejarse de ese pecado.

El pecado sin confesar se va pudriendo y tiene muchas consecuencias:

- Hace que Dios aparte su mano de bendición.
- Genera un espíritu de discordia, orgullo y negatividad.
- Destruye matrimonios.
- La gente tiene un presentimiento de que algo está mal.
- Le brinda un punto de apoyo al enemigo y convierte al líder en blanco de ataques.
- La familia del líder y el rebaño que cuida se vuelven vulnerables.

Y existe un peligro aun mayor para el pastor en lo personal: el juicio.

> «[...] por medio de Jesucristo, Dios juzgará los secretos de toda persona.» (Romanos 2:16) Los pecados secretos no solo arruinan el #liderazgo, sino que YA están a la vista de Dios.

¿Tiene usted algún pecado invisible en su propia vida? Si no encuentra ninguno, alabe al Señor. Y si no está seguro, pídale al Espíritu Santo que le revele alguna culpa derivada de un pecado que el enemigo tal vez esté usando en su contra. A Satanás le gusta recordarnos nuestro pasado, pero el arrepentimiento quiebra su poder.

Si el Espíritu lo lleva a pedir perdón, tal vez le resulte doloroso, pero la libertad trae sanidad y vida.

> «Hemos pecado [...] te rogamos que nos salves en este día. [...] Y el Señor no pudo soportar más el sufrimiento de Israel.» (Jueces 10:15-16) El arrepentimiento mueve a Dios. #liderazgo

Apártese deliberadamente del pecado

> «Así que descubro esta ley: que, cuando quiero hacer el bien, me acompaña el mal.» (Romanos 7:21) El pecado se desliza incluso en el mejor #liderazgo.

Nuestra voluntad es débil. Aun cuando deseamos obedecer, Jesús afirma: «El espíritu está dispuesto, pero el cuerpo es débil» (Mateo 26:41). El autor C. S. Lewis escribió en su obra *Mere Christianity*: «Nadie sabe cuán malo es hasta que no haya intentado con todas sus fuerzas ser bueno».

A pesar de esta realidad que nos da qué pensar, todavía podemos hacer ciertas cosas para luchar contra el pecado... o, mejor dicho, *no* hacer ciertas cosas. A continuación, menciono siete de ellas.

1. No mire cosas que no debería mirar.

> «Me negaré a mirar cualquier cosa vil o vulgar.» (Salmos 101:3 NTV) El #liderazgo comienza con la autodisciplina.

2. No se deje controlar por el enojo.

> «Si se enojan, no pequen.» (Salmos 4:4) Incluso el #liderazgo más apasionado debe tener autocontrol.

3. Niéguese a sí mismo en lo físico.

> Tenemos poder sobre el pecado: «[...] no permitan ustedes que el pecado reine en su cuerpo mortal, ni obedezcan a sus malos deseos». (Romanos 6:12)

4. No piense maneras de satisfacer los deseos pecaminosos.

> «"[...] no se preocupen por satisfacer los deseos de la naturaleza pecaminosa.» (Romanos 13:14) El poder del #liderazgo puede alimentar estos deseos.

5. No piense que está exento por ser líder.

> «"Cristo Jesús vino al mundo para salvar a los pecadores", de los cuales yo soy el peor de todos.» (1 Timoteo 1:15 NTV) El #liderazgo reconoce qué cosas le faltan al yo.

6. No peque simplemente porque otros lo hacen.

> «[...] no imites lo malo, sino lo bueno.» (3 Juan 11) El #liderazgo es vulnerable a la cultura. Debemos resistir.

7. No se engañe a sí mismo en cosas de las que se arrepentirá en el futuro.

> «¿Qué fruto cosechaban entonces? ¡Cosas que ahora los avergüenzan y que conducen a la muerte!» (Romanos 6:21)

Para concluir en este capítulo con el tema de las cosas que no hay que hacer, no olvidemos el pecado capital de omisión:

> «Así que comete pecado todo el que sabe hacer el bien y no lo hace.» (Santiago 4:17)

En otras palabras: cuando usted tiene la oportunidad de hacer algo que sabe que está bien, ¡aprovéchela! Dios nos da la capacidad de decidir hacer el bien o el mal prácticamente a cada instante.

Y esta decisión es la esencia de lo que significa liderarnos a nosotros mismos, así como también un prerrequisito para liderar a otros.

Luche contra el pecado con temor

> «Dios ha venido a ponerlos a prueba, para que sientan temor de él y no pequen.» (Éxodo 20:20b) El #liderazgo según Dios es probado.

Existen muchas clases de temor asociadas al pecado. A continuación, menciono algunas:

- Temor a ser descubierto.
- Temor al castigo.
- Temor a herir a otros.
- Temor a dañar nuestra relación con Dios.
- Temor a deshonrar el nombre de Dios.

En su misericordia, Dios permite que tengamos estos temores en nuestro corazón para ayudarnos a arrepentirnos y alejarnos del pecado. Si lo hacemos, Dios es glorificado, nuestra relación con Él se restaura y el enemigo pierde su punto de apoyo en nuestras vidas.

El Señor desea nuestro temor porque nos ama y no quiere que pequemos. Las consecuencias naturales del pecado no siempre resultan suficientes para detenernos o llevarnos a pedir perdón.

Piense un momento en alguien a quien usted ama mucho. ¿Tiene usted miedo de herir a esa persona? ¿Por qué? Si usted supiera que esa persona igualmente lo perdonaría y lo amaría sin importar lo que pasara, ¿por qué a usted le sigue preocupando la posibilidad de herirla?

Tenemos temor de herir a los que amamos porque les causará dolor y se entristecerán. Tal vez queden confundidos acerca de quiénes somos realmente y piensen que cometieron un error cuando nos dejaron entrar en su corazón de una manera tan íntima.

> ¿Quiere dejar de pecar? «[...] con temor del Señor se evita el mal» (Proverbios 16:6) #liderazgo

Gestione el pecado que lo rodea

Como líder, tratar con el pecado de otros es tan difícil y frustrante como luchar con los propios pecados.

Tal vez la mejor manera de tratar con este pecado sea, además de utilizar sabiduría y gracia, comprender que es la raíz de la mayoría de los problemas interpersonales que existen en una organización.

Simplemente eche un vistazo a su alrededor:

> «Las obras de la naturaleza pecaminosa se conocen bien: inmoralidad sexual, impureza y libertinaje; idolatría y brujería; odio, discordia, celos, arrebatos de ira, rivalidades, disensiones, sectarismos y envidia [...]» (Gálatas 5:19-21a)

Y para que no pensemos que estamos muy por encima de estos pecados «obvios», escuchemos la confesión del apóstol Pablo:

> «[...] no hago lo que quiero, sino lo que aborrezco» (Romanos 7:15) ¡Por eso siempre tendremos problemas interpersonales!

Es triste, es verdad y es inevitable. Somos terriblemente pecadores, tal como lo son nuestros colegas, nuestros familiares y nuestros amigos.

Pero para todos los líderes cristianos hay buenas noticias... y también un encargo:

> «[...] cuando todavía éramos pecadores, Cristo murió por nosotros.» (Romanos 5:8) Al haber recibido tanto amor, ahora mi #liderazgo debe reflejar este amor a los demás.

El pecado del mundo nunca ha prevalecido más ni ha sido más aceptado que hoy en día; aun así, que el Señor bendiga su liderazgo en estos tiempos oscuros.

Luche contra el pecado con amor

> «[...] ámense los unos a los otros profundamente, porque el amor cubre multitud de pecados.» (1 Pedro 4:8) El #liderazgo no está exento de esta actividad.

El acto de sacrificio de Jesús fue amor al extremo; sin embargo, no fue nada lindo ni cómodo. Fue espeluznante y oscuro. Doloroso y sangriento.

El amor de Jesús fue tan poderoso que, para nuestro beneficio, se sometió voluntariamente a la marea de pecado que le pasó por encima. Nunca había conocido el pecado en su propio corazón, pero el Padre permitió que el pecado lo aplastara.

Y por más horrible que haya sido pasar por esta experiencia de infierno y separación de Dios, nuestro Señor se rindió completamente a ella. Él sabía que tendría una muerte espantosa, tanto desde lo físico como desde lo espiritual. Aun así, también sabía que volvería a vivir y que sería glorificado en victoria sobre el pecado, sobre la muerte y sobre Satanás.

Tal como lo expresa 1 Pedro 4:8, el amor de Dios a través de Jesús cubrió multitud de pecados: los de todo el mundo. Jesús mismo les dijo a sus discípulos: «Nadie tiene amor más grande que el dar la vida por sus amigos» (Juan 15:13).

El amor es una fuerza poderosa que la mayoría de los líderes se guardan en el bolsillo trasero. Podemos demostrar «amor de liderazgo» siendo pacientes, misericordiosos, abnegados y perdonadores. Y aquí no estoy defendiendo el hecho de barrer los errores de la gente debajo de la alfombra, sino que deberíamos filtrar nuestras reacciones instintivas a través del amor.

> «[...] a quien poco se le perdona, poco ama.» (Lucas 7:47) ¿Le preocupa la #cultura de la organización? ¡La misericordia aumenta el amor!

Una cultura de amor es el mejor entorno de trabajo para un empleado. Cuando las personas perciben un sentido de dignidad, cuando sus líderes procuran entender antes de regañar o culpar, cuando los empleados sienten que se los cuida, la cultura de la organización prospera.

«¡La compasión triunfa en el juicio!» (Santiago 2:13b)

CAPÍTULO 2

LA MOTIVACIÓN

Introducción

> «Además, díganle a Arquipo: "Asegúrate de llevar a cabo el ministerio que el Señor te dio".» (Colosenses 4:17 NTV) ¡Siga adelante! #liderazgo

La motivación es variable e intensamente personal. Hace un minuto, en una transmisión de #liderazgo en Twitter, observé que alguien publicó lo siguiente: «Levántate y comienza tu día con entusiasmo. ¡El entusiasmo genera entusiasmo!».

Luego me fijé en mi lista de «los más seguidos» y vi la publicación de un amigo escritor: «Nunca es demasiado tarde para ser lo que podrías haber sido».

¿Qué cita lo motiva más a usted? ¿Depende del día o de la hora si usted va a necesitar una dosis de pasión o la libertad de soñar?

En mi caso, yo me activo cuando hay visión. Dios me hizo un soñador, lo que significó un gran conflicto con la naturaleza práctica de mi esposa cuando nos conocimos por primera vez. Ella toleró mis visiones de grandeza por un tiempo, hasta que comencé a actuar en consecuencia y se convirtieron más en fantasías con las que obviamente no pagaba las cuentas.

A algunos los motivan las recompensas y el dinero; a otros, un trabajo significativo. A algunos los inspira estar rodeados de gente; a otros, estar solos.

Un excolega mío era el típico Sr. Entusiasmo. Era uno de los mejores vendedores que he conocido, tan lleno de pasión y energía que no podía estar cerca de él sin que me levantara el ánimo.

Algunas personas participan en conferencias y regresan a sus casas con un torbellino de ideas y entusiasmo. Sin embargo, suele ocurrir que el brillo se va apagando y vuelven al tedio, sin haber aprovechado esa energía momentánea para actuar. Otras personas leen un libro y resaltan las grandes ideas, pero luego el libro regresa al estante y es reemplazado por otro.

El hambre y el temor son motivadores eficaces. La envidia también lo es.

> «Luego observé que a la mayoría de la gente le interesa alcanzar el éxito porque envidia a sus vecinos.» (Eclesiastés 4:4 NTV) El #liderazgo no puede cambiar nuestra naturaleza pecadora; solo Dios puede hacerlo.

LA MOTIVACIÓN

La motivación es como humo: raramente permanece, y desaparece en un instante, opacada por nuestra naturaleza pecaminosa.

Así que ¿cómo puede un líder motivarse eficazmente a sí mismo y a otros para perseverar y superar las expectativas?

Cinco formas de encender el fervor

> «Nunca dejen de ser diligentes; antes bien, sirvan al Señor con el fervor que da el Espíritu.» (Romanos 12:11) El fervor espiritual aviva el #liderazgo.

¿Cómo podemos aumentar nuestra energía y mantener nuestro impulso diario? Encontramos varios versículos bíblicos que nos enseñan cómo llenar a nuestros seguidores (y a nosotros mismos) de la ambición necesaria para tener éxito en nuestro trabajo.

1. Prepárese para lo malo. Los trabajadores israelitas que reconstruían el muro que rodeaba a Jerusalén estaban siempre preparados ante cualquier ataque.

> «Los obreros seguían con el trabajo, sosteniendo con una mano la carga y con la otra un arma.» (Nehemías 4:17 NTV) #determinación

De la misma manera, deberíamos moderar nuestra actitud positiva con la posibilidad de que, en cualquier momento, surja algo que arruine todo. Cuando estamos atentos ante cualquier crítico o detractor, o ante cualquier contratiempo, si algo efectivamente ocurre, no nos tomará completamente por sorpresa. Y cuando las cosas marchan sobre ruedas, nuestra actitud de alerta ante la batalla se traducirá en una fortaleza general en nuestro liderazgo.

> «¡Dejen de confiar en el hombre [...]! ¡Su vida es un soplo nada más!» (Isaías 2:22) Las personas son falibles por naturaleza. #liderazgo

Acabo de recibir un correo electrónico «arruina actitudes» de un empresario que conozco hace poco. Desde que entablamos nuestra primera conversación hace una semana, solo hablamos una vez e intercambiamos unos pocos correos electrónicos. En su mensaje de esta tarde, no solo malinterpretó algo que yo había dicho, sino que además me acusó de mentir y de actuar de mala fe.

Después de enojarme frente a la pantalla, no me quedó otra que reír ante lo irónico de la situación. Aparentemente, ¡el Señor me quería usar a modo de lección práctica!

2. Desarrolle sus raíces. Cuando nos sumergimos en la Palabra de Dios, en la oración, en la adoración y en la comunión con otros creyentes, nuestra fuerza espiritual crece y, como resultado, aumentan nuestro gozo y nuestra energía.

LA MOTIVACIÓN

> «Echarán raíces profundas en el amor de Dios, y ellas los mantendrán fuertes.» (Efesios 3:17 NTV)

3. Preste atención a sus necesidades físicas. A veces, esto es tan simple como comer, dormir, hacer ejercicio o sencillamente abstenerse de trabajar por un tiempo.

> ¿El #liderazgo le ha traído desgaste? También le ocurrió a Elías: «"¡Estoy harto, Señor!" —protestó [...]. De repente, un ángel lo tocó y le dijo: "Levántate y come".» (1 Reyes 19:4-5) ¡Qué buen consejo!

> «Jesús les dijo: —Vengan conmigo ustedes solos a un lugar tranquilo y descansen un poco.» (Marcos 6:31)

4. Cumpla deseos. Usted sabe lo que se siente cuando se alcanza una meta noble. ¿Puede ayudar a otros a experimentar la misma emoción que trae aparejada un logro?

> «El deseo cumplido endulza el alma.» (Proverbios 13:19) La razón por la que el #liderazgo debería ayudar a las personas a alcanzar sus sueños.

5. Recuerde quién es su verdadero jefe. A menudo debemos mirar más allá de nuestros superiores terrenales y fijar la mirada en el Rey que observa cada uno de nuestros movimientos. Es Él quien, en definitiva, juzgará nuestro trabajo. Él cumplirá sus propósitos a través de lo que hagamos en la tierra. Cuando busquemos su guía y su fuerza (y estemos dispuestos a seguir sus indicaciones), nuestro fervor para realizar la tarea que tenemos por delante cobrará nuevo impulso.

> «Y todo lo que hagan, de palabra o de obra, háganlo en el nombre del Señor Jesús.» (Colosenses 3:17)
> Recordatorio diario para el #liderazgo.

El motivador más poderoso para todo líder

Unas pocas palabras del profeta Azarías motivaron al rey Asa de Judá a mejorar su rendimiento como líder. Y esta misma exhortación también puede motivar a cualquier persona que ejerza el liderazgo hoy en día.

El profeta simplemente le dijo al rey que mirara más allá de la visión que tenía para su reino, más allá del historial de logros, de las circunstancias del momento y de la rutina diaria.

Azarías le dijo: «¡manténganse firmes y no bajen la guardia, porque sus obras serán recompensadas!» (2 Crónicas 15:7).

Con estas palabras, Azarías animó al rey a esperar la recompensa divina que vendría por vivir con perseverancia.

La promesa de recompensas futuras motiva a muchos líderes... incluyéndome. Cuando nos volcamos a los demás, vertemos sudor y lágrimas en un negocio, hacemos sacrificios económicos para comenzar una iglesia o damos tiempo y dinero a causas que nos resultan importantes, saber que Dios nos mira y nos recompensará nos da un aliento increíble.

¿Esto es ser egocéntrico? No, es bíblico. Y lo ilustraré con dos versículos:

> «[Moisés consideró] que el oprobio por causa del Mesías era una mayor riqueza que los tesoros de Egipto, porque tenía la mirada puesta en la recompensa.» (Hebreos 11:26)

> «¡Miren que vengo pronto! Traigo conmigo mi recompensa, y le pagaré a cada uno según lo que haya hecho.» (Apocalipsis 22:12)

¿Está usted mirando más allá de su visión como líder, hacia el día en que Cristo le sonreirá mientras le concede su recompensa?

Las declaraciones de visión son buenas motivadoras, pero las recompensas que Dios promete son las que verdaderamente nos inspiran.

Evalúe fielmente el futuro

> «El corazón humano genera muchos proyectos, pero al final prevalecen los designios del Señor.» (Proverbios 19:21) Planificar es bueno, pero recuerde de quién es el plan que usted seguirá.

Cuando esperamos en el Señor para lograr algo, sabemos que cuando Él lo decida (y si así Él lo desea), se dará en el tiempo oportuno y perfecto: se habrán dado todas las circunstancias correctas para que su plan general (del cual somos parte) se desarrolle de acuerdo con su voluntad.

A veces me pregunto si estoy haciendo lo suficiente para hacer crecer nuestra empresa. ¿Estoy perdiendo tiempo en este proyecto o en aquel otro? ¿Debería ser más audaz? ¿Debería trabajar más? ¿Debería arriesgar más? ¿Debería dar un paso al costado y dejar que mis líderes principales realicen su tarea?

Todo líder se hace estas preguntas autocríticas. Algunas respuestas son obvias; otras solo llegan cuando miramos en retrospectiva.

Aun así, nunca podremos ver los propósitos y el plan de Dios en su totalidad, ya que Él desea que confiemos en Él sobre la marcha, todo el tiempo hasta el final.

Este es el liderazgo fiel y enfocado en el futuro.

LA MOTIVACIÓN

> «¡Y eso que ni siquiera saben qué sucederá mañana!» (Santiago 4:14a) La planificación estratégica debe soltar un poco el control.

Planifique, pero sea flexible

«No hay sabiduría humana ni entendimiento ni proyecto que puedan hacerle frente al Señor.»
(Proverbios 21:30 NTV)

Yo solía pasar mucho tiempo planificando para el año que tenía por delante, haciendo presupuestos y comprometiéndome con metas. Pero, a medida que transcurren los años, me he dado cuenta de que este tipo de planificación estricta es una pérdida de tiempo.

Algo de este trabajo era útil, pero las cosas nunca ocurrían como las habíamos planificado. Elaborábamos tantos informes, memorandos y pronósticos que muchos de nuestros proyectos destinados a la generación de ingresos se mantenían en espera durante varias semanas. Y demás está decir que este retraso dificultaba aún más el logro de las metas de ventas que tanto tiempo nos había llevado establecer.

Realizar un presupuesto es necesario: claro está que debemos calcular el costo antes de llevar a cabo la tarea. Pero justo cuando pensamos que estamos controlando el futuro, el Señor nos recuerda que Él está en control. La vida cambia, los mercados se dan vuelta, y la gente va y viene.

Cuando los planes parecen perfectos o nuestra visión proyecta un futuro promisorio, no debemos aferrarnos mucho a ellos. La autoridad y el poder de Dios los eclipsa.

> «El Señor frustra los planes de las naciones; desbarata los designios de los pueblos.» (Salmos 33:10) El #liderazgo misterioso de Dios.

Definitivamente Dios es misterioso. Él desea que planifiquemos, pero también cambia nuestros planes.

> «Los pasos del hombre los dirige el Señor. ¿Cómo puede el hombre entender su propio camino?» (Proverbios 20:24) El #liderazgo acepta el misterio.

Entonces, a la luz de los planes más elevados de Dios, ¿qué debemos hacer? Debemos orar para que se nos revele su voluntad, para que nos conformemos a su voluntad, para que Él inspire nuestros pensamientos y para que dirija nuestros pasos.

A veces, Dios confirma su guía con una claridad asombrosa.

LA MOTIVACIÓN

> «El faraón tuvo el mismo sueño dos veces porque Dios ha resuelto firmemente hacer esto.» (Génesis 41:32) Dios afirma su guía.

Tengo un amigo que lidera un ministerio vibrante, aunque también ha sufrido mucho (por ejemplo, su amada esposa, que también era su compañera en el ministerio, falleció a temprana edad).

Esta mañana, durante una reunión estratégica, mi amigo me dijo que ya no sentía el fuego que tenía diez años atrás para hacer crecer el ministerio y lanzar nuevos proyectos. Así que, estos días, él lidera con más flexibilidad, aprovechando lo que Dios le va poniendo en el camino. Espera la confirmación y no reacciona mal cuando hay que redirigir el asunto.

Pensar en el trabajo que hago para Dios fue una lección de humildad para mí. ¿Cuánto de este trabajo tiene que ver con la ambición personal y cuánto con una dirección divina? Resulta difícil de responder.

Señor, mantenme flexible y llena mis manos con el fruto de *tu* plan.

> «Mi Padre es glorificado cuando ustedes dan mucho fruto y muestran así que son mis discípulos.» (Juan 15:8) ¿Su #liderazgo es fructífero?

Persiga la vida

> «[...] todo estaba ya escrito en tu libro; todos mis días se estaban diseñando, aunque no existía uno solo de ellos.» (Salmos 139:16) A Dios no lo toman por sorpresa. #liderazgo

Francine, una vieja amiga de la familia, se encuentra en los últimos días de su vida. Ha sido una inspiración para nosotros, ya que, aun en medio de un cáncer devastador, no puede dejar de hablar del lugar al que irá.

Francine es como una niña que está yendo a Disneylandia. Sonríe en medio del dolor. Ya no puede levantarse de la cama, pero sus ojos danzan con entusiasmo.

La Biblia nos insta a mirar el futuro con este tipo de expectativa. Aunque tal vez no veamos una salida de las dificultades, la línea de llegada está cerca y nos espera un destino emocionante.

A medida que ejercemos el liderazgo, miremos más allá de nuestra misión e, incluso, de nuestra visión a más largo plazo. Dios desea que enfrentemos nuestros desafíos diarios poniendo la vista firmemente en el «para siempre».

> «les ha prefijado sus tiempos precisos y sus límites para vivir.» (Hechos 17:26 RVC) Dios nos colocó en una posición de #liderazgo aquí y ahora.

LA MOTIVACIÓN

La forma en que lideramos y vivimos es de suma importancia durante los días que Dios nos ha concedido vivir. Nuestro futuro (incluso en la eternidad) depende de las decisiones que tomemos en el presente.

La vida es muy corta... ¡persígala!

> Mientras usted lidera, corra: «[...] corran ustedes de tal modo que reciban el premio.» (1 Corintios 9:24 DHH) #liderazgo

Oración por el impostor que ocupa su lugar

«Que [Dios] los capacite en todo lo bueno para hacer su voluntad. Y que, por medio de Jesucristo, Dios cumpla en nosotros lo que le agrada. A él sea la gloria por los siglos de los siglos. Amén.» (Hebreos 13:21)

¿Alguna vez se sintió débil o inadecuado en su cargo de autoridad? No me refiero al habitual decaimiento que viene por las tardes o cuando simplemente tiene un mal día, sino a esos momentos en que se siente insuficiente en general.

Algunos llaman a esto el «complejo del impostor», es decir, cuando el líder espera que nadie se dé cuenta de que no está a la altura del trabajo que tiene por delante.

Hebreos 13:21 es una gran oración que podemos hacer cuando nos sentimos así. Y es una oración que Dios responderá porque Él nos la ha dado en su Palabra. No solo nos equipará para hacer la tarea que desea que hagamos, sino que también nos cambiará de tal manera que le agrademos.

Usted puede orar así: «Señor, no soy lo suficientemente bueno para hacer la tarea que me llamaste a realizar. Equípame, cámbiame, muéstrame cuál es tu voluntad. Prometiste hacer esto a través del poder de Jesucristo, quien vivió y murió para que yo pudiera ser tuyo. Amén».

Dios cambiará toda ineficiencia que usted tenga por su poder infinito, que el autor de la Epístola a los Hebreos describe como un poder «que levantó de entre los muertos a nuestro Señor Jesús» (Hebreos 13:20 NTV).

Si Dios tiene el dominio sobre la vida y la muerte, imagínese lo que Él podría hacer con el liderazgo que puso en sus manos.

Que el hambre lo motive

La Biblia enseña que la fuerza motivacional más básica es algo que todos tenemos: el hambre.

> «Al que trabaja, el hambre lo obliga a trabajar, pues su propio apetito lo estimula.» (Proverbios 16:26)

La motivación es intrínseca: cualquier cosa por la que tenemos hambre nos hará trabajar y nos impulsará a hacer algo para satisfacerla.

Evidentemente esta definición, en su significado literal, encaja perfecto en el ámbito de la comida. En 2 Tesalonicenses 3:10 leemos: «El que no quiera trabajar, que tampoco coma».

También tenemos hambre de otras cosas: reconocimiento, dinero, relaciones, logros. Deseamos demostrar quiénes somos. Deseamos dejar un legado.

Pero, asimismo, existen motivadores negativos, como el miedo, la vergüenza, las emergencias económicas o el querer tener ventaja sobre los vecinos.

Cualquiera de estas cosas nos motiva en diferentes momentos de nuestras vidas e, incluso, en diferentes momentos del día.

La motivación no es algo que el líder pueda obtener a la fuerza. Es una potencia personal similar al hambre de un trabajador.

El líder simplemente puede dejar que el hambre que siente cualquier trabajador haga su tarea, mientras le brinda un liderazgo sólido a medida que el trabajador se impulsa hacia adelante.

¿Aburrido? ¿Deprimido? Pruebe esto

Muchos líderes comienzan sus carreras o nuevos empleos con una gran cuota de energía, entusiasmo y expectativa. Pero ¿qué hay que hacer cuando la energía comienza a desvanecerse?

Aquí le dejo una idea que me ha rejuvenecido a mí y a otros líderes que conozco:

Comience a liderar de manera diferente.

Suena simple, pero tómelo de forma literal: lidere de manera diferente a como lo hizo ayer, el mes pasado o el año anterior.

Por ejemplo: es sabido que, a medida que una iglesia o una empresa crecen, se supone que el líder debe delegar más y hacer menos. Sin embargo... ¿por qué esperar a ese nuevo nivel de crecimiento? Delegue algo que lo haya estado consumiendo durante el último mes y compruebe si no comienza a animarse.

Ahora, ¿usted ya es experto en delegar? Entonces intente hacerse cargo de una persona, un proyecto o un producto. Microgestione algo que le interese.

Un cambio en cualquier dirección le dará la energía necesaria y le brindará una razón para levantarse de la cama mañana.

Liderar de manera diferente tal vez signifique enfocarse más en uno mismo, dormir más o hacer más ejercicio. Tómese un tiempo libre para escribir o construir algo. Lea un buen libro (¡incluso una novela!).

Sirva a alguien. Comparta el evangelio. Tómese un café con un amigo que lo anime. Programe tener un tiempo a solas cada día.

Me siento mejor cuando cumplo tareas, obtengo pequeños logros o me conecto con mi gente. Entonces, este pico de energía me incentiva a continuar con la siguiente persona o tarea, y así gano impulso.

¿Ya ha intentado todo lo que mencioné pero sigue sintiéndose vacío? Agradezca a Dios por su trabajo y elabore una lista de las cosas que le gustan de lo que usted hace. Al hacerlo, permita que Dios le cambie la perspectiva.

Liderar de manera diferente tal vez para usted signifique, simplemente, seguir a Dios más de cerca.

> «Junto a tranquilas aguas me conduce; me infunde nuevas fuerzas.» (Salmos 23:2b-3a)

CAPÍTULO 3

MIEDO, PREOCUPACIÓN Y ENFRENTARSE A LO IMPOSIBLE

Introducción

¿A qué le teme usted más en la vida? Creo que existen cuatro categorías principales que describen nuestros miedos y preocupaciones:

- **Emocional:** Algunos de nosotros tenemos un miedo atroz a ser dejados de lado o a ser dejados atrás, a quedar desprotegidos o directamente a que nos abandonen. La mujer cuyo marido la dejó, o el hijo que queda huérfano de adolescente... todos ellos lidian con sentimientos de abandono y vulnerabilidad. Incluso el miedo a hablar en público puede agitar nuestras emociones y llevarnos a escapar de cualquier situación en la que prevemos una atención indeseada sobre nosotros.

- **Físico:** Todos tenemos miedo de lo que nos amenace con sufrir dolor: alturas, fuego, aviones, ahogarse, perros, intrusos o cualquier otra cosa en la vida que pueda dañarnos.
- **Financiero:** Podemos estresarnos por obtener el sustento para nuestra familia, por no poder pagar las cuentas, por un futuro incierto, por la pérdida del empleo, por los acreedores, por una intimación de las autoridades fiscales o por una pérdida catastrófica.
- **Espiritual:** Muchas personas le tienen miedo al reino espiritual invisible. Además, si le temen a la muerte y a una eternidad desconocida, a menudo evitan conscientemente pensar sobre estas cosas o se pasan al otro extremo, es decir, desarrollan una obsesión sobre estos temas que no se condice con la verdad bíblica.

En esta sección, veremos un panorama general sobre lo que dice la Biblia acerca del temor y la preocupación, y concluiremos con un temor que nos salvará de todos los demás temores.

Busque desesperadamente la paz de Dios

¿Alguna vez se despertó repentinamente siendo consciente de que su empresa podría desmoronarse en cualquier momento? A lo largo de los años, yo he tenido este sentimiento varias veces.

Tal vez el enemigo le trae estos temores a su mente y, a veces, el cansancio o el estrés los acentúan. Cualquiera sea la causa, existe un punto de partida en común para todos los creyentes en nuestra batalla contra la preocupación, el estrés, el temor y la opresión espiritual.

> «Encomienda al Señor tus afanes, y él te sostendrá.» (Salmos 55:22) El #liderazgo no se lleva a cabo en soledad.

> «Depositen en él toda ansiedad, porque él cuida de ustedes.» (1 Pedro 5:7) ¡La mejor manera de manejar el estrés! #liderazgo

En el Antiguo Testamento, un ejército de tribus israelitas temía una derrota inminente. Entonces clamaron a Dios en medio de la batalla que arreciaba alrededor de ellos. ¿Puede usted adivinar qué ocurrió luego?

> «[...] y él contestó su oración porque confiaron en él.» (1 Crónicas 5:20 NTV) Desesperación + confianza = victoria de Dios. #liderazgo

Ciertamente Dios no eliminará a cada uno de nuestros enemigos de una manera tan milagrosa. A menudo, lo que tenemos que hacer es simplemente continuar luchando. Y esto es de lo que se trata la perseverancia.

Sin embargo, tenemos instrucciones claras de lo alto:

> «No se preocupen por nada; en cambio, oren por todo. Díganle a Dios lo que necesitan.» (Filipenses 4:6 NTV) Fórmula para ser libres de la preocupación. #liderazgo

Y en el siguiente versículo se nos revela una gran promesa: *«Así experimentarán la paz de Dios»*. La versión libre de la Biblia en idioma inglés, *The Message*, brinda nuevos matices a este versículo, que podemos traducir al español de la siguiente manera: *«Antes de que se den cuenta, un sentido de la plenitud de Dios, de que todo será para bien, vendrá sobre ustedes y los tranquilizará»*.

La paz de Dios es poderosa. Y aunque no venga fácilmente, el Señor desea que nos postremos en una oración desesperada y confiada, mientras clamamos por esa paz.

Levante el escudo

> «Pues no luchamos contra enemigos de carne y hueso.» (Efesios 6:12 NTV) El #liderazgo bíblico se da cuenta de quién está realmente en nuestra contra.

Hacía mucho tiempo que tenía planificado escribir esta sección del libro, pero, sin intención alguna, terminé haciéndolo esta noche. Quiso Dios que esta tarde se desatara una intensa batalla espiritual en mi familia y, cuando abrí este manuscrito más tarde para trabajar en él, me resultó un tanto inquietante descubrir que justo debía escribir sobre este tema.

Supongo que Dios permitió que hoy yo atravesara estas circunstancias para refrescar mi memoria acerca de cuán real es el enemigo. Ciertamente Satanás anda al acecho buscando a quién devorar (1 Pedro 5:8). Sus fuerzas demoníacas aguardan el momento exacto para golpear. Pero Dios utiliza incluso las propias tácticas del diablo para nuestro bien definitivo (ver Romanos 8:28).

Así que aquí estoy, recién salido del campo de batalla, maravillándome ante el poder del nombre de Jesús, adorándolo como aquel que no solo salvó a mi familia el día de hoy, sino que también derrotó a nuestro enemigo en común hace tantos siglos.

Por alguna razón, al enemigo todavía se le permite actuar. La naturaleza humana pecadora invita al diablo a hacerle compañía y le da permiso para echar su enorme red. Si logramos evadirla, todavía nos seguirán sus flechas. Sin embargo, tenemos un remedio incluso contra estas cosas:

> «[...] tomen el escudo de la fe, con el cual pueden apagar todas las flechas encendidas del maligno.» (Efesios 6:16) Una promesa para los momentos oscuros en nuestro #liderazgo.

Hoy Dios edificó mi fe: su escudo fue sólido. A menudo, los ataques espirituales dolorosos terminan fortaleciéndonos como creyentes. Cuando salimos de ellos con la armadura de Dios en su lugar, somos equipados para ayudar a otros a superar sus propias batallas.

El apóstol Pablo ilustra este concepto de una forma muy bella:

> «Como bien saben, la primera vez que les prediqué el evangelio fue debido a una enfermedad.» (Gálatas 4:13) ¡Una oportunidad que surge de una adversidad!

Si no hubiera sido por el sufrimiento personal de Pablo, ciertas personas no habrían oído el evangelio ni habrían respondido como lo hicieron. Es mi oración que mi propia batalla de hoy lo anime a usted y refuerce el evangelio en su vida.

Cuando enfrenta lo imposible

El ángel Gabriel les anunció a dos mujeres que iban a tener sendos hijos, aunque ambas se encontraban en situaciones improbables. El problema era que Elisabet ya era demasiado anciana como para tener hijos, y María era una virgen soltera.

Las Nueva Versión Internacional (NVI) y la Nueva Traducción Viviente (NTV) de la Biblia traducen las palabras del ángel Gabriel en Lucas 1:37 de forma complementaria:

«Porque para Dios no hay nada imposible.» (NVI)

«Pues la palabra de Dios nunca dejará de cumplirse.» (NTV)

Cuando Dios actúa o habla, logra lo imposible. El Señor cumplió la promesa que les había hecho a estas mujeres no solo para la propia felicidad de ellas, sino también para el bien de la humanidad (sus hijos serían Juan el Bautista y Jesús).

Y esto nos lleva a plantearnos algunas preguntas:

1. ¿Qué desafío «imposible» está enfrentando usted ahora mismo?
2. ¿Qué está tratando de lograr Dios en usted a través de esta circunstancia?
3. ¿Qué podría estar tratando de lograr Dios por el bien de otras personas?
4. ¿Cómo podría una victoria en esta circunstancia traer gloria a Dios?

Las respuestas que usted dé a las preguntas dos, tres y cuatro pueden orientarlo para saber cómo apoyarse y descansar en la guía de Dios.

> «¡Este Dios es nuestro Dios eterno! ¡Él nos guiará para siempre!» (Salmos 48:14) Guíame, Señor. #liderazgo

Tema al Señor y no tenga miedo

Una de las grandes paradojas que existen en las Escrituras es el temor del Señor. Este tema es confuso, ya que Dios nos pide que le temamos, pero también desea disipar nuestros miedos.

Jesús aclara este enigma en el libro de Lucas, dándoles a sus discípulos una lección privada antes de enviarlos a reunir a las multitudes que se apiñaban para ser sanadas, alimentadas y enseñadas.

1. Tema a Dios porque solo Él puede enviar a la gente al cielo o al infierno.

Tal vez no sea muy popular decir que el Señor envía a la gente al castigo eterno, pero es difícil negar las enseñanzas que el mismo Jesús brindó sobre este tema:

MIEDO, PREOCUPACIÓN Y ENFRENTARSE A LO IMPOSIBLE

> «A ustedes, mis amigos, les digo que no teman a los que matan el cuerpo, pero después no pueden hacer más. Les voy a enseñar más bien a quién deben temer: teman al que, después de dar muerte, tiene poder para echarlos al infierno. Sí, les aseguro que a él deben temerle.» (Lucas 12:4-5)

¿Quién querría adorar a un Dios que envía a la gente al infierno? Buena pregunta. Pero escuchemos ahora cómo continúa la respuesta de Jesús.

2. No tenga miedo, porque Dios ya lo conoce, lo valora y lo ama más allá de lo que usted puede entender.

> «¿No se venden cinco gorriones por dos moneditas? Sin embargo, Dios no se olvida de ninguno de ellos. Así mismo sucede con ustedes: aun los cabellos de su cabeza están contados. No tengan miedo; ustedes valen más que muchos gorriones.» (Lucas 12:6-7)

La imagen que aquí nos da Jesús es la de una intimidad extrema. ¿Quién más en el mundo puede saber cuántos cabellos tenemos? ¿Qué otra cosa puede saber Dios sobre nosotros que nadie más podría siquiera imaginar... ni aun nosotros mismos?

Naturalmente, Jesús está hablando aquí a sus discípulos, la mayoría de los cuales creen que Él es el Hijo de Dios y, por lo tanto, pueden reclamar la segunda promesa de intimidad con el Padre. Las multitudes a las que Jesús estaba por enseñar aún no habían aceptado (o comprendido) el amor de Dios.

Como líderes, debemos, en primer lugar, forjar una relación sana de temor y amor con el Señor. Así comprenderemos cómo ejercer la autoridad.

La lección que aprendemos de este pasaje bien podríamos enmarcarla para que la leyera todo aquel que ingresara a nuestra organización:

Tema las consecuencias del mal comportamiento, pero si busca sinceramente el perdón, le daremos la bienvenida con los brazos abiertos.

CAPÍTULO 4

CRÍTICA Y OPOSICIÓN

Introducción

A nadie le agrada la crítica. Se nos clava en la carne y deja una marca que tarda mucho tiempo en sanar. Incluso aquellos que alegan tener un corazón de piedra suelen recibir golpes de refilón de vez en cuando.

He visto que ciertos líderes (particularmente políticos) sortean mejor las críticas que otros. Sin embargo, al observar más de cerca, me doy cuenta de que son, por naturaleza, incitadores que se alimentan de conflictos y tensiones: la crítica los llena de energía porque les encanta pelear; los debates son como riñas en un bar para demostrar quién es más hombre.

Para nosotros, meros mortales, la lucha continúa.

Una forma simple de evitar la crítica

> «Hagan todo sin quejarse y sin discutir, para que nadie pueda criticarlos.» (Filipenses 2:14-15 NTV) Los #líderes no se quejan.

Y aquí tenemos la respuesta: cuanto menos nos quejemos y discutamos, menos nos criticarán.

La negatividad atrae la negatividad. Si usted se queja, por lo general significa que también está criticando a alguien más. Y discutir todo el tiempo revela un espíritu crítico.

Tal es el líder, tales las personas que lidera. Los líderes críticos fomentan seguidores críticos. Pero a la gente le cuesta criticar a los líderes positivos.

Cuando nuestros amigos nos atacan

> «Entonces Jesús les dijo: "Un profeta recibe honra en todas partes menos en su propio pueblo y entre sus parientes y su propia familia".»
> *(Marcos 6:4 NTV)*

¿Alguna vez se sintió criticado injustamente por sus amigos o familiares?

Pienso que existen dos razones por las que nos podría ocurrir esto. En primer lugar, Dios sabe que necesitamos ser humillados, y es poco probable que encontremos a alguien que esté dispuesto a humillarse *a sí mismo*... ¡esa es justamente la tarea de las personas que más se preocupan por nosotros!

Una vez que las personas que no están para nada impresionadas por lo que hemos logrado nos ponen en nuestro lugar, Dios desea ser el que nos levanta, ya que, al hacerlo, se glorifica a sí mismo.

No obstante, existe aún otra razón:

> «El que no tiene el Espíritu no acepta lo que procede del Espíritu de Dios, pues para él es locura. No puede entenderlo, porque hay que discernirlo espiritualmente.» (1 Corintios 2:14)

Los no creyentes cercanos a nosotros necesitan gracia, porque no entienden las cosas de Dios. No saben que Dios obra a través de la humildad y el servicio, y ciertamente no comprenden lo que significa glorificarlo a Él.

En consecuencia, no los juzguemos por su falta de fe y sus costumbres mundanas, sino sigamos nuestro camino, tal como lo hizo Jesús: «Por lo tanto, hizo solamente unos pocos milagros allí [en su ciudad natal] debido a la incredulidad de ellos» (Mateo 13:58 NTV).

Cuando nos sentimos desanimados por los que nos rodean, sea por el motivo que fuere, ¿no deberíamos mirar hacia arriba para recibir ánimo?

> «Pero Dios es mi socorro; el Señor es quien me sostiene.» (Salmos 54:4) Cuando no sentimos amor en el #liderazgo.

Comprenda el rol de Satanás en el proceso de refinamiento de Dios

A Satanás le encanta arrojar acusaciones y condenas a los líderes piadosos. Hace poco, designaron a un buen amigo mío para que ocupara un cargo en una junta de gran visibilidad en la comunidad; sin embargo, debido a que anteriormente había declarado verdades bíblicas en público, los medios de comunicación de la ciudad afirmaron que no era apto para ocupar dicho cargo.

Esto no se condecía con la realidad en absoluto: mi amigo había creado y vendido empresas exitosas, había lanzado un grupo de capitales de riesgo e, incluso, había pensado alguna vez en ingresar a la política. Durante años fue un líder excepcional, tanto en la ciudad como en la iglesia, por lo que estaba más que preparado para ocupar ese cargo.

No obstante, debido a que el «dios de este mundo ha cegado la mente de estos incrédulos» (2 Corintios 4:4), los medios de comunicación liberales ganaron la batalla y mi amigo tuvo que rechazar el cargo.

CRÍTICA Y OPOSICIÓN

> «Satanás conspiró contra Israel e indujo a David a hacer un censo del pueblo.» (1 Crónicas 21:1) Incluso el #liderazgo de David fue atacado. Prepárese.

He aprendido que, independientemente de quiénes seamos, somos un blanco para Satanás, quien espera encontrar una mínima abertura y luego, si puede, la amplía hasta transformarla en un portón por el que atraviesa sin problemas.

También aprendí, a través de la humildad de este líder y su respuesta madura, que Dios permite que se nos humille por motivos que solo Él conoce. Dios no desperdicia momentos de adversidad cuando se trata de refinarnos y santificarnos.

«Hasta que llegó el momento de cumplir sus sueños, el Señor puso a prueba el carácter de José.» (Salmos 105:19 NTV)

> «Pasado cierto tiempo, Dios puso a prueba a Abraham.» (Génesis 22:1) Incluso los líderes experimentados se preparan para el próximo nivel.

El éxito nunca garantiza la inmunidad. Aunque usted haya invertido décadas sirviendo a la comunidad y haya recibido elogios públicos, eso no significa que estará exento de ser ridiculizado por la misma comunidad a la que usted sirvió.

Y si usted es un líder joven, tal vez se acerque un tiempo de refinamiento y definición, tal como le ocurrió a Cristo:

> «Luego el Espíritu llevó a Jesús al desierto para que el diablo lo sometiera a tentación.» (Mateo 4:1) El propio #liderazgo de Jesús comenzó con dificultad.

Frente a las amenazas, recuerde Nehemías 4

> «Oramos entonces a nuestro Dios y decidimos montar guardia.» (Nehemías 4:9) Enfrente los desafíos del #liderazgo con oración Y acción.

La mayoría de nosotros no tendremos que liderar en tiempos de guerra ni seremos atacados por la competencia o por despiadados inversores; sin embargo, aquellos que lideran eficazmente en tales situaciones pueden enseñarnos mucho acerca de cómo enfrentar la oposición.

Nehemías es uno de los ejemplos más crudos en cuanto a este tema en la Biblia. El capítulo cuatro de su libro representa un estudio valioso sobre cómo debe ser la respuesta espiritual a una fuerte oposición. Hagamos entonces un recorrido homilético por esta fascinante historia.

CRÍTICA Y OPOSICIÓN

La amenaza inicial

«Cuando Sanbalat se enteró de que estábamos reconstruyendo la muralla, se enojó muchísimo. Se puso furioso y se burló de los judíos, diciendo ante sus amigos y los oficiales del ejército de Samaria: "**¿Qué cree que está haciendo este pobre y debilucho grupo de judíos? ¿Acaso creen que pueden construir la muralla** [...]?". Tobías, el amonita, que estaba a su lado, comentó: "¡Esa muralla se vendría abajo si tan siquiera un zorro caminara sobre ella!"» (Nehemías 4:1-3 NTV)

La primera respuesta de Nehemías: la oración

«Escúchanos, Dios nuestro, porque se burlan de nosotros. **¡Que sus burlas recaigan sobre sus propias cabezas**, y que ellos mismos sean llevados cautivos a una tierra extraña! No pases por alto su culpa. No borres sus pecados, porque han provocado tu enojo delante de los que construyen la muralla.» (Nehemías 4:4-5 NTV)

Luego, la acción

«**Por fin se completó la muralla** alrededor de toda la ciudad hasta la mitad de su altura, porque el pueblo había trabajado con entusiasmo.» (Nehemías 4:6 NTV)

La amenaza se intensifica

«Sin embargo, cuando Sanbalat, Tobías, los árabes, los amonitas y los asdodeos se enteraron de que la obra progresaba y que se estaban reparando las brechas en la muralla de Jerusalén, se enfurecieron. **Todos hicieron planes para venir y luchar contra Jerusalén** y causar confusión entre nosotros.» (Nehemías 4:7-8 NTV)

Nehemías vuelve a orar y actuar

«**Así que oramos** a nuestro Dios **y pusimos guardias** en la ciudad día y noche para protegernos.» (Nehemías 4:9 NTV)

Pero no resulta suficiente

«Entonces el pueblo de Judá comenzó a quejarse: "Los trabajadores se están cansando, y los escombros que quedan por sacar son demasiados. **Jamás podremos construir la muralla por nuestra cuenta**". Mientras tanto, nuestros enemigos decían: "Antes de que se den cuenta de lo que está pasando, caeremos encima de ellos, los mataremos y detendremos el trabajo". Los judíos que vivían cerca de los enemigos venían y nos decían una y otra vez: "**¡Llegarán de todos lados y nos atacarán!**"» (Nehemías 4:10-12 NTV)

Así que Nehemías anima a su pueblo

«De manera que coloqué guardias armados detrás de las partes más bajas de la muralla, en los lugares más descubiertos. Puse a la gente por familias para que hiciera guardia con espadas, lanzas y arcos. Luego, mientras revisaba la situación, reuní a los nobles y a los demás del pueblo y les dije: "**¡No le tengan miedo al enemigo! ¡Recuerden al Señor, quien es grande y glorioso, y luchen** por sus hermanos, sus hijos, sus hijas, sus esposas y sus casas!". Cuando nuestros enemigos se enteraron de que conocíamos sus planes y que Dios mismo los había frustrado, todos volvimos a nuestro trabajo en la muralla.» (Nehemías 4:13-15 NTV)

Luego prepara una estrategia

«Sin embargo, de ahí en adelante, solo la mitad de los hombres trabajaba mientras que la otra mitad hacía guardia con lanzas, escudos, arcos y cotas de malla. Los líderes se colocaron detrás del pueblo de Judá que edificaba la muralla. **Los obreros seguían con el trabajo, sosteniendo con una mano la carga y con la otra un arma. Todos los que construían tenían una espada asegurada a su costado.** El que tocaba la trompeta quedó conmigo para tocar alarma. Entonces les expliqué a los nobles, a los oficiales y a todo el pueblo lo siguiente: "La obra es muy extensa, y nos encontramos muy separados unos de otros a lo largo de la muralla. Cuando oigan el sonido de la trompeta, corran hacia el lugar donde esta suene. ¡Entonces nuestro Dios peleará por nosotros!". Trabajábamos desde temprano hasta tarde, desde la salida hasta la puesta del sol; y la mitad de los hombres estaba siempre de guardia. También les dije a todos los que vivían fuera de las murallas que se quedaran en Jerusalén. De esa manera ellos y sus sirvientes podían colaborar con los turnos de guardia de noche y trabajar durante el día. Durante ese tiempo, ninguno de nosotros—ni yo, ni mis parientes, ni mis sirvientes, ni los guardias que estaban conmigo—nos quitamos la ropa. En todo momento portábamos nuestras armas, incluso cuando íbamos por agua.» (Nehemías 4:16-23 NTV)

Después de sufrir una mayor intimidación, presiones políticas, intentos de asesinato y mentiras, el clímax de la historia llega en el capítulo seis. Nehemías continúa orando con disciplina y actuando con sabiduría. Finalmente, llegamos al desenlace:

CRÍTICA Y OPOSICIÓN

«**La muralla se terminó** el día veinticinco del mes de elul. Su reconstrucción había durado cincuenta y dos días. Cuando todos nuestros enemigos se enteraron de esto, las naciones vecinas se sintieron humilladas, pues reconocieron que ese trabajo se había hecho con la ayuda de nuestro Dios.» (Nehemías 6:15-16)

¿Puede ver la relación entre la oración, la fe y la acción en este gran líder? Nehemías sirvió a su pueblo obedeciendo la orden de Dios de construir la muralla, pero no era ningún siervo pusilánime. Resistió a sus enemigos con muestras de fortaleza y de hábil estrategia.

Creo que el cristianismo consiste en una fe activa. Es intensamente práctico en el mundo «real». Cuando lideremos como el hábil Nehemías, comprenderemos el «liderazgo de servicio» de una manera nueva.

El plan de tres pasos para un enojo saludable

Jesús nos enseña a amar a nuestros enemigos. Pero, ¿cómo podemos conciliar esta enseñanza con la ocasión en que volcó las mesas en el templo? ¿Y qué decir de sus acalorados debates con los fariseos?

¿Deberíamos tener estos mismos arrebatos de pasión y enojo en algunas ocasiones?

Jesús dejaba ver cómo se encendía su enojo divino cuando defendía el honor de su Padre y refutaba a los mentirosos que no dejaban que el pueblo conociera la verdad. Cuando se trataba de defender a los demás, Jesús actuaba.

Pero cuando la gente lo atacaba personalmente, Jesús no resistía de una manera típicamente humana. Lo veía como una oportunidad para amar a la gente en medio de su pecado: «porque no saben lo que hacen» (Lucas 23:34).

Cuando nos insultan o atacan en forma personal, debemos seguir el ejemplo del Señor y buscar que Él nos defienda. Nuestra autodefensa debería ser el amor.

Pero cuando se ataca el nombre de Dios, su verdad o a sus hijos (o cuando la gente se aprovecha de los pobres o los necesitados), debemos responder con una defensa ardiente como la de Jesús.

¿Y cómo podemos saber la diferencia entre nuestro enojo y el de Cristo? El primer paso es desacelerarnos.

> «Todos deben estar listos para escuchar, y ser lentos para hablar y para enojarse; pues la ira humana no produce la vida justa que Dios quiere.» (Santiago 1:19b-20)

El segundo paso es procurar el resultado que Dios desearía. Podemos pedirle al Espíritu Santo que nos dé discernimiento, palabras y dirección, incluso en el ardor del momento.

El tercer paso, y el más importante, tiene que ver con amar. Si se nos olvidan los pasos uno y dos, será suficiente tener en cuenta el paso tres.

> «Amen a sus enemigos, hagan bien a quienes los odian, bendigan a quienes los maldicen.» (Lucas 6:27b-28a) El #liderazgo soporta las ofensas personales.

Si lo critican, simplemente haga esto

Tal vez usted sea del tipo de personas que no tienen problemas para ejercer la autoridad y estar al mando. Pero creo que incluso usted puede tener dudas acerca de su liderazgo.

Es normal tener dudas, al menos en ciertas ocasiones. En realidad, no todos pueden ser nuestros seguidores fanáticos: algunos piensan que somos débiles; otros se llenan de hastío en su interior mientras hablamos; otros nos sonríen de frente y nos apuñalan por detrás. Incluso los líderes más populares tienen críticos.

¿Me deja usted decirle que no debería dudar tanto de sí mismo? Como líderes, debemos enfocarnos en el panorama completo. Deberíamos desear que la *mayoría* de nuestros seguidores nos quieran y que la *mayoría* de nuestras estrategias funcionen. Pero no siempre tendremos éxito en cada cosa que hagamos.

Aunque las personas no estén contentas con nosotros todo el tiempo, no son nuestra prioridad. Antes debemos ser rectos, es decir, permanecer en rectitud delante de Dios. Este es el acto de un líder siervo: obedecer a su propio Rey antes de liderar a los demás.

Solemos preguntarnos cómo ser líderes siervos y, a la vez, tener el control y ejercer autoridad... bueno, esta es la manera de hacerlo.

Los críticos pueden criticar, pero el líder debe obedecer. Al fin y al cabo, es por el bien de la gente.

> «Cuando los justos gobiernan, el pueblo se alegra.» (Proverbios 29:2a NTV)

Y si lo siguen criticando...

Aquí le comparto algunas palabras de ánimo que encontramos en las Escrituras. Si alguna le llama la atención, escríbala en una nota autoadhesiva o compártala en sus redes sociales.

> «No devuelvan mal por mal ni insulto por insulto; más bien, bendigan.» (1 Pedro 3:9a) ¡Incluso cuando critiquen su #liderazgo!

> «[...] si sufren por hacer el bien y lo soportan con paciencia, Dios se agrada de ustedes.» (1 Pedro 2:20b NTV) Una forma de integridad en el #liderazgo.

CRÍTICA Y OPOSICIÓN

> «Porque esta es la voluntad de Dios: que, practicando el bien, hagan callar la ignorancia de los insensatos.» (1 Pedro 2:15) ¡Contraataque con el bien!

> «Si los insultan porque llevan el nombre de Cristo, serán bendecidos.» (1 Pedro 4:14a NTV) ¿Ha sido bendecido últimamente?

El apóstol Pablo también experimentó este dolor. Él fue un verdadero pionero, pero nunca dejó de tener detractores:

> «porque se me ha presentado una gran oportunidad para un trabajo eficaz, a pesar de que hay muchos en mi contra.» (1 Corintios 16:9)

La oposición constante debería dar un solo resultado

En Números 16, varias personas que alguna vez habían sido fieles seguidoras de Moisés ahora se levantan contra él e incitan asimismo a otros cientos a rebelarse.

> «Se reunieron para oponerse a Moisés y a Aarón, y les dijeron: —¡Ustedes han ido ya demasiado lejos! Si toda la comunidad es santa, lo mismo que sus miembros, y el Señor está en medio de ellos, ¿por

qué se creen ustedes los dueños de la comunidad del Señor?» (Números 16:3)

Este motín tan altanero me recuerda la actitud pretenciosa (muy difundida hoy en día) que tienen algunos al sentirse privilegiados y con derechos. Esta gente estaba cegada por esa actitud. Pero Moisés intenta hacerlos recapacitar, exponiendo su ambición egoísta y confrontándolos sin rodeos.

Moisés no ofrece la otra mejilla, sino que se enfrenta a la insolencia de estas personas. De cierta forma, se trata de misericordia, ya que Moisés sabe que, si llegan muy lejos, el Señor mismo podría emitir un juicio contra ellos.

> «Moisés le dijo a Coré: —¡Escúchenme ahora, levitas! ¿Les parece poco que el Dios de Israel los haya separado del resto de la comunidad para que estén cerca de él, ministren en el santuario del Señor, y se distingan como servidores de la comunidad? Dios mismo los ha puesto a su lado, a ti y a todos los levitas, ¿y ahora quieren también el sacerdocio? Tú y tu gente se han reunido para oponerse al Señor, porque ¿quién es Aarón para que murmuren contra él? Moisés mandó llamar a Datán y Abirán, hijos de Eliab, pero ellos contestaron: —¡No iremos! ¿Te parece poco habernos sacado de la tierra donde abundan la

leche y la miel, para que ahora quieras matarnos en este desierto y dártelas de gobernante con nosotros?» (Números 16:8-13)

Moisés ve que no están dispuestos a retroceder, por lo que decide juzgarlos él mismo.

«Entonces Moisés, sumamente enojado, le dijo al Señor: —No aceptes la ofrenda que te traigan, que yo de ellos no he tomado ni siquiera un asno, ni les he hecho ningún daño. A Coré, Moisés le dijo: —Tú y tu gente y Aarón se presentarán mañana ante el Señor.» (Números 16:15-16)

Al día siguiente, el Señor impone su juicio: mata a todos aquellos que se habían opuesto a él y amenaza al resto de los que se quejaban.

¿Hay alguien que continuamente se oponga al liderazgo que usted desarrolla? Si usted siente algún tipo de insolencia o resentimiento, asegúrese, en primer lugar, de que usted *merece* que lo sigan. Tal vez exista alguna buena razón por la que la gente lo está resistiendo.

Pero si usted siente que está obedeciendo al Señor, es tiempo entonces de despedir al desobediente del servicio. Un líder nunca debe tolerar la rebelión flagrante.

> «Esteban, hombre lleno de la gracia y del poder de Dios, hacía grandes prodigios y señales milagrosas entre el pueblo. Con él se pusieron a discutir ciertos individuos.» (Hechos 6:8-9a) El #liderazgo despierta oposición.

> ¿Enfrenta una oposición que lo amenaza a usted o a su familia? «Ustedes quédense quietos, que el Señor presentará batalla por ustedes.» (Éxodo 14:14)

PARTE II

ANIMARSE: CÓMO DESARROLLAR UNA VALENTÍA INDISCUTIBLE

CAPÍTULO 5

CUANDO LA DIVISIÓN, LOS INSULTOS Y EL CONFLICTO SON NECESARIOS

Introducción

> «En los días futuros ustedes entenderán todo esto.» (Jeremías 30:24b NTV) A veces, el #liderazgo debe realizar cosas inexplicables.

La profecía que dio Jeremías tenía que ver con acontecimientos futuros tan crípticos e increíbles que el pueblo en general no podría captar de manera alguna todas sus implicancias. Era como si el profeta fuera un padre que, consolando a su hijo, le estuviera diciendo: «Esto es por tu propio bien; lo entenderás más tarde».

De manera similar, la mayoría de los líderes saben, en teoría, que los que se encuentran en cargos superiores a menudo deben realizar tareas desagradables por el bien de aquellos a quienes lideran y por la organización en sí. Sin embargo, cuando cumplen estos deberes dolorosos, con frecuencia luchan contra la realidad de que las explicaciones nunca serán del agrado de todo el mundo.

A veces es necesario vivir y liderar en medio de esta disyuntiva. En esta sección, analizaremos varios pasajes que nos ayudarán a prepararnos para estos momentos de tensión.

La primera verdad de la que nadie puede escapar, independientemente de su religión, es la siguiente:

> «En este mundo afrontarán aflicciones.» (Juan 16:33b) Un #liderazgo sabio entiende que las aflicciones nos llegan a todos.

Sin importar quiénes seamos o qué creamos, muchas de las verdades bíblicas sobre el liderazgo son indiscutibles.

> «Allí se establecieron en franca oposición a todos sus hermanos.» (Génesis 25:18b) Algunos conflictos nunca se resolverán.

> «Maldecirán los pueblos, y despreciarán las naciones, a quien declare inocente al culpable.» (Proverbios 24:24) El #liderazgo requiere confrontar la mala conducta.

A veces, el líder debe causar división

¡Cuánto me desagrada causar dolor! Cuando debo corregir, disciplinar o despedir a alguien, mi estrés se dispara.

Los Evangelios nos hacen notar que, aunque Jesús luchó contra los fariseos y resistió a los romanos, no le gustaba esta tarea en absoluto. Sin embargo, sabía que, para lograr la unidad, primero debía arrancar de raíz la cizaña.

Jesús trató a la gente de necios, nidos de víboras, incrédulos, hipócritas y de «generación malvada». No estoy diciendo que Jesús fuera cruel, insensible o falto de compasión: en cada instancia, las personas a las que se dirigió de esta manera estaban blasfemando a Dios, o estaban engañando a la gente, o estaban llenos de codicia, lujuria u orgullo.

¿Su organización necesita algún tipo de división? ¿Y quién sino el líder podrá efectuarla?

Si surge una grieta en contraposición al líder, ganarán las personas más poderosas, no necesariamente las que tengan razón.

Solo el líder puede dividir de manera correcta.

> «¿Tan torpes son?» (Gálatas 3:3a) A menudo, el #liderazgo requiere este tipo de franqueza.

No tenga miedo de insultar a la gente con la verdad

> «¡Y ahora resulta que por decirles la verdad me he vuelto su enemigo!» (Gálatas 4:16) El #liderazgo debe decir la dura verdad.

«La verdad sin amor es brutalidad, y el amor sin verdad es hipocresía.»

(Warren Wiersbe)

En Lucas 11:37-54, Jesús muestra un aspecto chocante de sí mismo. Acepta una invitación a cenar en la casa de un fariseo, pero, en lugar de recibir amablemente la hospitalidad que le brinda el anfitrión y pasar un tiempo agradable con él, lo insulta.

Un experto en la ley, que estaba reclinado junto con ellos en la mesa, le reclama: «Maestro, al hablar así nos insultas también a nosotros» (v. 45).

Sin embargo, en vez de calmar esta situación impensada, Jesús lanza otra flecha: «¡Ay de ustedes también, expertos en la ley! Abruman a los demás con cargas que apenas se pueden soportar, pero ustedes mismos no levantan ni un dedo para ayudarlos» (v. 46).

Cuando Jesús terminó con estos hombres, se convirtieron en enemigos mortales. Literalmente.

¿Y qué ganó Jesús con esta confrontación tan riesgosa?

¿Qué podemos ganar nosotros con *cualquier* confrontación? Piense en su propia vida y su propio trabajo. ¿Qué beneficios ha obtenido usted de las diferencias que ha tenido con aquellos que son cercanos o, incluso, con simples conocidos?

Cuando hay una reconciliación, la relación se beneficia, e incluso se fortalece. Desnudar nuestro corazón de forma vulnerable y expresar las verdades interiores da como resultado una intimidad más profunda.

A pesar de que el anfitrión de la cena y sus invitados se fueron a dormir habiendo sido insultados, tal vez meditaron luego en las palabras de Cristo y se reconciliaron con Dios.

Jesús nos mostró con su ejemplo una ley del liderazgo: debemos tratar con la verdad. Y cuando esa verdad insulta a alguien, no podemos amedrentarnos.

Los líderes más valientes del mundo confían en la verdad y levantan su voz para defenderla.

> «En cambio, hablaremos la verdad con amor y así creceremos en todo sentido hasta parecernos más y más a Cristo, quien es la cabeza de su cuerpo, que es la iglesia.» (Efesios 4:15 NTV)

Gestione las deficiencias con procesos

Las personas, ya sean jóvenes o ancianas, desobedecen por naturaleza. Es una condición que todos heredamos de nuestro antepasado Adán. La naturaleza humana es inherentemente pecadora y, por lo general, olvida sus propios pecados.

Por lo tanto, necesitamos toda la ayuda que podamos obtener con nuestros empleados y voluntarios pecadores. El rey Joás nos brinda una metodología eficaz en 2 Reyes 12.

El rey les pidió a los sacerdotes que repararan el templo con los fondos recolectados de la gente. Pero los sacerdotes no administraron bien el dinero y el rey se dio cuenta de que debía dejar a un lado su estrategia y comenzar todo de nuevo.

Así que Joás colocó un cofre al lado del altar, para que todos lo vieran y colocaran en él sus ofrendas para el trabajo de reparación. Cuando los sacerdotes que vigilaban el cofre veían que se llenaba, le avisaban al sumo sacerdote, quien mandaba llamar al secretario real y, juntos, contaban el dinero y lo embolsaban. Luego le entregaban el dinero a los supervisores del trabajo, quienes les pagaban a los trabajadores, compraban los materiales necesarios y «cubrían todos los gastos necesarios para restaurar el templo» (v. 12).

Los sacerdotes amaban el templo: era el orgullo de sus vidas, su propósito y, de hecho, su medio de subsistencia. Uno creería que los sacerdotes eran las personas ideales para reparar el edificio, pero carecían de las habilidades para administrar las tareas y el dinero. La pasión y el propósito no eran suficientes; se necesitaba un nuevo proceso para que la tarea se realizara.

Cuando un sector de su organización tiene una deficiencia crónica, tal vez sea necesario realizar una reforma de procesos.

Los sistemas, las normas y los procedimientos tal vez no cambien la naturaleza humana, pero al menos pueden aumentar las probabilidades de que la gente logre desarrollar bien la tarea.

Para lanzar la visión, prepárese para causar división

«¿Creen ustedes que vine a traer paz a la tierra?
¡Les digo que no, sino división!»

(Lucas 12:51)

¿Cómo puede decir esto el Príncipe de Paz? El propósito del Hijo de Dios era mostrar al mundo el amor de Dios, ¿o no?

Si retrocedemos a los versículos 49 y 50, vemos que Jesús afirma: «He venido a traer fuego a la tierra, y ¡cómo quisiera que ya estuviera ardiendo! Pero tengo que pasar por la prueba de un bautismo, y ¡cuánta angustia siento hasta que se cumpla!».

Sus palabras suenan como las de un líder apasionado decidido a abrirle paso a la ira de Dios, no a un amable pastor que alimenta a sus ovejas. Aún así, conocemos a este hombre justamente por su compasión; se lo describe como aquel que da la otra mejilla.

Unos minutos más tarde, Jesús comienza a enseñarle a la multitud. Sus lecciones son difíciles; Jesús había planificado confrontarlos de diferentes maneras.

Previamente, Jesús había reunido a sus doce discípulos y los había preparado para las difíciles verdades que estaba por revelarles. Pronto el Señor recorrería los campos confrontando, sanando y atrayendo la atención de las autoridades, quienes lo verían como una amenaza. Su vida correría peligro. Habría fuego y división, no solo amor, sanidad y salvación.

Observamos las emociones a flor de piel de Jesús en los versículos 49 y 50 de la versión de la Biblia en idioma inglés, *The Message*, que traducimos libremente a continuación:

> «He venido a encender un fuego en la tierra, ¡y cómo quisiera que ya estuviera en llamas! He venido a cambiar todo y a dar vuelta todas las cosas, ¡y cómo quisiera que ya todo terminara! ¿Piensan que he venido a suavizar y embellecer todo? No, para nada, ¡he venido para alterar y confrontar!»

En pos de una visión mayor y por el máximo bien de su pueblo, Jesús estaba dispuesto a encender el fuego y confrontar a todos aquellos que se oponían a Dios. De más está decir que Jesús sabía que esto los destrozaría, tanto a Él como a sus discípulos. Pero decidió seguir mirando hacia adelante, hacia el bien mayor.

El ejemplo de Jesús me llena de valentía, no solo para lanzar la visión, sino también para arriesgarme por esta visión y dejar de lado la pasividad.

También me llama a mirar hacia el futuro lejano: algún día Dios evaluará mi liderazgo, mi empresa y cómo viví mi vida.

Vivamos y lideremos ahora como si la reunión de evaluación con Dios estuviera cerca.

Porque efectivamente lo está.

Los líderes bíblicos no deben ser agradables todo el tiempo

No envidio a nadie que ocupa cargos de liderazgo en la iglesia.

Estos líderes soportan presiones que nosotros, los que lideramos en el mercado, no experimentamos. Cuando los líderes eclesiásticos despiden a miembros de su equipo, por lo general es más difícil, ya que han estado acompañando a las familias de estas personas en el hospital, en funerales y en casamientos, o les han brindado aconsejamiento en sus tiempos de crisis personales. Por otro lado, cuando nosotros despedimos a algún empleado, las raíces no son tan profundas, y las consecuencias no duran tanto ni alcanzan a familias enteras, como ocurre en la iglesia.

Ya sea que usted lidere un ministerio o cualquier tipo de organización, el rey Salomón puede darnos un muy buen consejo, que podemos parafrasear de la siguiente manera: «Sean agradables. Pero, a veces, no sean agradables».

Por un lado, esto es un alivio: ESTÁ BIEN que no nos quieran todo el tiempo. Por otro lado (en particular para aquellos de nosotros que deseamos agradar a los demás), esto resulta aterrador. ¿Qué quiero decir con «no sean agradables»? A la mayoría de nosotros realmente nos importa lo que piensan los demás.

Veamos un pasaje de Eclesiastés, que seguramente ya ha escuchado antes:

Eclesiastés 3:1-8

¹ Todo tiene su momento oportuno;
> hay un tiempo para todo lo que se hace bajo el cielo:

² un tiempo para nacer, y un tiempo para morir;
> un tiempo para plantar, y un tiempo para cosechar;

³ un tiempo para matar, y un tiempo para sanar;
> un tiempo para destruir, y un tiempo para construir;

⁴ un tiempo para llorar, y un tiempo para reír;
> un tiempo para estar de luto, y un tiempo para saltar de gusto;

⁵ un tiempo para esparcir piedras, y un tiempo para recogerlas;
> un tiempo para abrazarse, y un tiempo para despedirse;

⁶ un tiempo para intentar, y un tiempo para desistir;

> un tiempo para guardar, y un tiempo para desechar;
> ⁷ un tiempo para rasgar, y un tiempo para coser;
> un tiempo para callar, y un tiempo para hablar;
> ⁸ un tiempo para amar, y un tiempo para odiar;
> un tiempo para la guerra, y un tiempo para la paz.

El mismo Jesús afirmó: «No crean que he venido a traer paz a la tierra. No vine a traer paz, sino espada» (Mateo 10:34).

Si en algún momento usted también debe romper la paz, recuerde que tiene buena compañía. Jesús nos mostró cómo debemos actuar cuando la paz a corto plazo es perjudicial para el bien mayor.

CAPÍTULO 6

RESISTENCIA Y CORAJE

Introducción

> «Manténganse alerta; permanezcan firmes en la fe; sean valientes y fuertes.» (1 Corintios 16:13)

Sobre el tema de la valentía, la Biblia se dirige a dos tipos de personas: los que no son lo suficientemente valientes y los que son valientes por naturaleza.

Las Escrituras afirman que, a veces, ambos tipos de personas están erradas. Incluso los creyentes excesivamente valientes (aquellos a los que admiramos por ser los que cambian el mundo) tal vez necesiten reevaluar sus motivaciones, al igual que el resto de nosotros. Por un lado, existe el riesgo del orgullo; por el otro, el miedo puede sofocarnos y llevarnos a la inactividad.

Lo más probable es que usted sea como yo, es decir, alguien que está en el medio de estos dos extremos. La nefasta pareja formada por el orgullo y el miedo danza en mi mente, cada uno luchando por dirigir al otro, dependiendo de la canción que se oiga en ese momento.

Así que, ¿cómo podemos aprovechar el tipo correcto de valentía? ¿Cómo podemos controlar a nuestro ego y, a la vez, desatar nuestro coraje?

Quítese del medio y déjelo a Dios

Encontrar qué es lo mejor de parte de Dios para nuestro liderazgo requiere prestar atención con diligencia a la parte espiritual de la valentía. Haremos bien si comenzamos reconociendo cuál es la fuente de la verdadera resistencia.

> «Estos confían en sus carros de guerra, aquellos confían en sus corceles, pero nosotros confiamos en el nombre del Señor nuestro Dios.» (Salmos 20:7) El #liderazgo confía en Dios, no en los recursos.

Tenemos a la omnipotencia de nuestro lado. Pero la fuerza del Señor no se caracteriza por reaccionar rápidamente a los ataques o los insultos. Todo lo contrario.

> «El Señor es lento para la ira, imponente en su fuerza.» (Nahúm 1:3a) La calidad del #liderazgo de Dios debería moldear nuestro propio carácter.

Esta es la valentía según Dios. Así como Jesús podría haber convocado a doce batallones de ángeles para que lo defendieran (Mateo 26:53), pero se contuvo en sumisión al plan mayor de Dios, así nosotros debemos controlar nuestra ira antes de actuar movidos por ella. ¿Qué podría estar haciendo Dios que no necesita nuestra ira para lograrlo?

En definitiva, Jesús mismo hizo mucho más que lo que podría haber hecho una multitud de ángeles. En un solo acto, Jesús derrotó completamente al enemigo.

> «Desarmó a los poderes y a las potestades, y por medio de Cristo los humilló en público al exhibirlos en su desfile triunfal.» (Colosenses 2:15) ¡Jesús nos da poder! #liderazgo

El plan de Dios para su Hijo no era simplemente la victoria sobre el pecado, sino también la aniquilación de todas las fuerzas del enemigo. Ahora nosotros, como iglesia, debemos ejercer nuestro rol como el ejército vencedor que ocupa sus nuevos territorios.

> «Pues Dios no nos ha dado un espíritu de timidez, sino de poder, de amor y de dominio propio.» (2 Timoteo 1:7) Las principales cualidades del #liderazgo.

Hacia el final de la Biblia, Jesús declara una vez más este triunfo absoluto: «Yo soy el que vive. Estuve muerto, ¡pero mira! ¡Ahora estoy vivo por siempre y para siempre! Y tengo en mi poder las llaves de la muerte y de la tumba» (Apocalipsis 1:18 NTV).

El poder de Dios es completo. Por lo tanto, abandonemos la ilusión de que somos fuertes por nosotros mismos. Dios desea que dependamos confiadamente de Él.

> Recuerde quién es usted: «Por la fe que tienen, Dios los protege con su poder.» (1 Pedro 1:5a NTV) Un pensamiento reconfortante en el #liderazgo.

Sea fuerte y permanezca quieto

> «Espera con paciencia al Señor; sé valiente y esforzado; sí, espera al Señor con paciencia.» (Salmos 27:14 NTV) Hay fuerza en la espera. #liderazgo

En este versículo, David nos implora que seamos fuertes mientras esperamos que el Señor actúe.

Sin embargo, aun cuando no nos sentimos muy fuertes, podemos actuar y pensar como si lo fuéramos.

Al terminar mis estudios en la universidad, conseguí un trabajo vendiendo publicidades para radio. En la capacitación, nos enseñaban a sonreír mientras hablábamos por teléfono, ya que la persona del otro lado podría «oírnos» sonreír, sea que nos sintiéramos felices o no en ese momento. La sonrisa silenciosa borraba todo tono de estrés verbal en nuestra voz y proyectaba una confianza audible.

Cuando actuamos fuertes, es como si *fuéramos* fuertes. Nadie nota la diferencia... ¡excepto nosotros!

Dejando la actuación de lado, en el versículo que acabamos de leer encontramos un imperativo aun mayor, que se repite dos veces para darle énfasis: «espera al Señor». Es en la espera que somos fortalecidos, y es esta fuerza la que nos permite seguir esperando.

Más adelante, en el Libro de los Salmos, encontramos un mandamiento complementario:

> «Quédense quietos, reconozcan que yo soy Dios.»
> (Salmos 46:10a) Relájese: no tenemos el control.
> #liderazgo

Se nos ordena que simplemente nos quedemos quietos; en otras palabras, que esperemos. Y en nuestra quietud, el versículo nos exhorta a meditar calmadamente en el hecho de que Él es Dios.

A medida que esperamos y meditamos en el Señor, Él nos fortalece, nos anima y actúa a nuestro favor.

¿Necesita usted esperar (en lugar de actuar) en alguna circunstancia que esté atravesando ahora mismo?

Sea fuerte y vaya

Por otro lado, ¿es tiempo de actuar? ¿Ha estado esperando, orando y pidiendo consejo y ahora siente que está listo para moverse?

El Espíritu a menudo nos impulsa a la acción. Cuando Él declara el fin de nuestro tiempo de espera, a veces podemos sentirlo: una energía espiritual nos anima. Otras veces, el susurro del Espíritu sopla en nuestras velas y nos impulsamos hacia adelante de manera natural.

De más está decir que, cuando no hacemos nada, Dios, por lo general, actúa por su cuenta. Es su prerrogativa hacer lo que quiera cuando quiera. No obstante, una vez que ponemos nuestra confianza en el Señor y esperamos en Él, es muy probable que nos envíe.

> «Sé fuerte y haz el trabajo.» (1 Crónicas 28:10b NTV)
> El consejo sobre #liderazgo del rey David a su hijo,
> que es aplicable a todos nosotros.

Cuando obedecemos su mandamiento de ir, no solo debemos ser fuertes, sino también estar atentos a la oposición:

> «Desde los días en que Juan el Bautista comenzó a predicar hasta ahora, el reino del cielo ha venido avanzando con fuerza, y gente violenta lo está atacando.» (Mateo 11:12 NTV)

Cuando Jesús vino a la tierra, llevó a cabo una campaña en contra de Satanás, quien respondió enviando a sus séquitos de demonios y hombres para reclamar el terreno perdido. Los apóstoles se movieron en este frente de batalla, y esta fue su reacción ante la actividad del enemigo:

> «Ahora, Señor, toma en cuenta sus amenazas y concede a tus siervos el proclamar tu palabra sin temor alguno.» (Hechos 4:29) #liderazgo

La oración de estos hombres movió a Dios. Unos versículos más adelante, las Escrituras relatan lo siguiente: «Después de haber orado, tembló el lugar en que estaban reunidos; todos fueron llenos del Espíritu Santo, y proclamaban la palabra de Dios sin temor alguno» (Hechos 4:31).

Como parte del ejército de avanzada del Señor, seremos atacados. No obstante, a medida que marchamos, la espada del Espíritu debería llenarnos de coraje y valentía. Jesús afirmó:

«edificaré mi iglesia, y las puertas del reino de la muerte no prevalecerán contra ella» (Mateo 16:18b).

Ningún poder, ningún enemigo puede obstaculizar esta fuerza. Jesús *edificará* su reino y nada podrá interponerse en su camino.

¡Qué gran inspiración para ponernos en marcha!

¡Vamos!

Sea audazmente inseguro

> «Pelea la buena batalla de la fe.» (1 Timoteo 6:12a)
> El #liderazgo fiel lucha por la fe y con la fe.

¿Puede alguien saber lo que traerá el futuro? Obviamente, no. Debemos tomar esa medida, contratar a esa persona, formar ese equipo, reasignar a ese voluntario, lanzar esa visión... sin estar ciento por ciento seguros del resultado.

Como líderes sanos, debemos aceptar nuestra incompetencia personal y esperar que las personas nos fallen, e, incluso, que *nosotros* mismos fallemos en ocasiones. Esto nos lleva a convertirnos en mejores líderes. Y también nos lleva a caer de rodillas en oración.

Deberíamos sentirnos lo suficientemente incómodos con nosotros mismos y con nuestras circunstancias para tratar de mejorar continuamente (y, por supuesto, para depender de Dios más que de nosotros mismos).

La autocomplacencia es el enemigo del crecimiento. **Los líderes deben ser audazmente inseguros.** Casi todos los líderes más importantes que encontramos en la Biblia exhibían esta cualidad. Hombres como Noé, Moisés, José, Gedeón y David en algún momento de sus vidas decidieron avanzar con todas sus fuerzas, aun cuando no estuvieran seguros de los resultados.

> «Anda, ponte en marcha, que yo te ayudaré a hablar y te diré lo que debas decir.» (Éxodo 4:12) Cuando se nos llama al #liderazgo, Él nos guía.

Lidere con la fuerza que usted tiene

Algunos días puedo escalar la montaña de tareas por hacer y citas programadas, pero otros días preferiría simplificar las cosas o simplemente irme a casa.

No se trata de ser introvertido o extrovertido: tiene más que ver con el estado de ánimo y el nivel de energía. A veces simplemente me siento débil. Piense en su propio ritmo: ¿siente más energía en ciertos días de la semana o en ciertos momentos del día? ¿Le afecta la opinión de la gente o, incluso, el clima?

Los líderes resilientes continúan escalando aun cuando la ladera sea escarpada. A todos nos agrada pensar que nosotros también somos fuertes.

Sin embargo, la realidad es que a veces nos sentimos débiles. Me encanta el ánimo que el Señor le dio a Gedeón, un líder que, sin reparos, admitió sus debilidades:

> «El Señor lo encaró y le dijo: —Ve con la fuerza que tienes, y salvarás a Israel del poder de Madián. Yo soy quien te envía.» (Jueces 6:14)

Cualquier fuerza que tengamos es suficiente para el Dios todopoderoso. Me pregunto si las debilidades de Gedeón (pertenecer al clan más pequeño de la tribu más pequeña) no fueron exactamente las *razones* por las cuales Dios lo eligió para atacar a los madianitas. Si Gedeón hubiera sido un gran guerrero, perteneciente a una antigua línea de jefes tribales exitosos, todos habrían esperado que obtuviera la victoria. Dios no solo escogió a un líder débil, sino que también obligó a Gedeón a atacar al enemigo con un ejército muchísimo más pequeño que el que cualquier general en su sano juicio hubiera llevado a la batalla.

Dios logrará todas las victorias que Él desee, aun a pesar de nuestras debilidades. Por lo tanto, deberíamos aceptar nuestras limitaciones, ya que muy probablemente Dios nos las haya dado para obligarnos a depender de Él. Deberíamos liderar a pesar de nuestras debilidades, con una fuerza divina, prestada.

Cada vez que observo los versículos anteriores al pasaje que hemos leído, no puedo dejar de soltar la risa:

«Cuando el ángel del Señor se le apareció a Gedeón, le dijo: —¡El Señor está contigo, guerrero valiente! —Pero, señor —replicó Gedeón—, si el Señor está con nosotros, ¿cómo es que nos sucede todo esto?» (Jueces 6:12-13a)

Una pregunta inocente de alguien acostumbrado a ser siempre el perdedor. A veces me pregunto lo mismo.

No obstante, el Señor está con nosotros y su victoria es segura.

> Permítase tener días en que no se siente el «gran líder». El sol sale y se pone; la marea sube y baja. #liderazgo

> Cuando los líderes se sienten incompetentes, son impulsados a mejorar. La incompetencia ocasional es la forma en que el #liderazgo se mantiene afilado.

CAPÍTULO 7

AUTORIDAD Y PODER

Introducción

Alejandro Magno conquistó gran parte del mundo conocido hace unos dos mil trescientos años y, desde entonces, atrajo el respeto de todo el mundo. Estaba obsesionado con superar las conquistas de Felipe, su padre, y vivió para dejar su nombre grabado en la historia, sin importar el caos y las matanzas que dejó en el camino.

Si Alejandro no hubiera descendido de una línea real o no hubiera tenido un ejército poderoso, ¿aun así habría llegado a convertirse en el Magno? Tal vez poseía unas cualidades de liderazgo tan fuertes que igualmente habría logrado la prominencia por su propia cuenta. Pero la realidad es que su autoridad real derivaba de su padre.

Los que hemos nacido de nuevo tenemos también un nuevo Padre y, como consecuencia, somos justos y de estirpe real, independientemente de nuestra herencia terrenal. Hemos sido llamados para vivir y liderar en el poder de un nuevo reino que hemos heredado.

¿Puede usted dimensionar esta autoridad divina?

«[...] en todo esto somos más que vencedores por medio de aquel que nos amó.» (Romanos 8:37)

No tolere las tonterías

Kathy es una gran líder en nuestra empresa. Viaja desde Boston hasta nuestras oficinas en Louisville una vez por mes. Siempre comenta acerca de las diferencias culturales que existen entre el noreste y el sur de Estados Unidos.

«De donde yo vengo, del norte, no toleramos las tonterías», afirma.

Cuando ingresó a nuestra empresa, trabajé junto con ella para reducir las tonterías... nunca me había dado cuenta de cuán disfuncionales éramos.

¿A qué me refiero con «tonterías»? Dramas continuos o innecesarios. Luchas internas, celos, quejas, resistencia y todo tipo de comportamiento irracional.

El problema con el que se encontró Kathy fue que, a pesar de que aquí, en el sur, el ritmo de vida era más lento y tranquilo, y la gente era más amable, todos danzaban alrededor de los problemas. Nadie se ocupaba directamente de los asuntos hasta que no fuera absolutamente necesario. Algunos comportamientos inaceptables se habían tolerado durante mucho tiempo.

Cuando esta experta ejecutiva se unió a nosotros, atrajo inmediatamente el respeto de los empleados. Sin embargo, en lugar de someterlos a la fuerza, resolvió sus problemas más graves y les llamó la atención a aquellos que necesitaban un poco de amor con mano firme.

La lección que todos nosotros necesitábamos aquí en el sur es simple: no tolere las tonterías.

Kathy me enseñó a bajar mi umbral de tolerancia al comportamiento insensato. Siempre habrá lugar para aplicar la gracia, pero cuando se trata de decirle la verdad a alguien y confrontar un problema, los líderes cristianos dudan en llegar a la confrontación... incluso en el noreste de mi país.

Muchos creyentes dejan pasar las cosas porque creen que están demostrando gracia. Pero, como líderes bíblicos, tenemos la responsabilidad de salir concienzudamente de detrás de este término teológico y aplicar sabiduría.

Las tonterías pueden tener consecuencias graves, en particular si no se controlan.

Y tal vez sea esta la razón por la que Proverbios 10:21 termina afirmando que «los necios mueren por falta de juicio».

Lo que usted adora es la fuente de poder de su liderazgo

En Mateo 28:18, cuando Jesús afirma: «Se me ha dado toda autoridad en el cielo y en la tierra», está reconociendo que incluso Él, el Hijo de Dios, tuvo que recibir su autoridad de alguien; no la dio por sentado ni la tomó.

El término «autoridad» es engañoso, ya que la mayoría de la gente piensa que tiene que ver con ser «experto». Si alguien es experto, entonces debe ser un líder y, por lo tanto, hay que obedecerlo.

Pero este tipo de liderazgo no perdura, debido a que la verdadera autoridad es espiritual. Es una cuestión del espíritu, no del trabajo que se realiza.

La autoridad espiritual se deriva de la adoración. Lo que adoramos o a quién adoramos tiene nuestro permiso para gobernar nuestro corazón y darnos poder. Nuestros deseos más profundamente arraigados surgen del objeto de nuestra adoración. Y estos deseos siempre salen a la luz en nuestro liderazgo: a veces, de formas destructivas; otras, de formas productivas.

A continuación, ilustraré este concepto con los cinco objetos de adoración.

1. Adoración de uno mismo: su poder y su autoridad provienen de su ego, por lo que usted se convierte en un líder orgulloso. Se trata de un liderazgo de corto plazo que nunca termina bien.

> «No hagan nada por egoísmo o vanidad.» (Filipenses 2:3a)

> «Al orgullo le sigue la destrucción; a la altanería, el fracaso.» (Proverbios 16:18)

2. Adoración de otros: su autoridad proviene del permiso que le dan otras personas, por lo que usted se convierte en un líder pasivo. A la larga, es posible que su falta de iniciativa lo descalifique como líder.

> «—¡Es necesario obedecer a Dios antes que a los hombres! —respondieron Pedro y los demás apóstoles.» (Hechos 5:29)

3. Adoración del pecado (y de Satanás): su poder proviene de su lujuria y sus deseos, que lo llevan a satisfacerlos, por lo que usted se convierte en un esclavo del pecado, un líder inmoral y hambriento de poder.

> «Entonces el diablo lo llevó [a Jesús] a un lugar alto y le mostró en un instante todos los reinos del mundo. —Sobre estos reinos y todo su esplendor —le dijo—, te daré la autoridad, porque a mí me ha sido entregada, y puedo dársela a quien yo quiera. Así que, si me adoras, todo será tuyo.» (Lucas 4:5-7)

4. Adoración del dinero: su poder va creciendo a medida que usted se enriquece, por lo que usted se convierte en un líder temeroso y lleno de ansiedad por perder su tesoro.

> «Nadie puede servir a dos señores, pues menospreciará a uno y amará al otro, o querrá mucho a uno y despreciará al otro. No se puede servir a la vez a Dios y a las riquezas.» (Mateo 6:24)

5. Adoración del Señor: su poder proviene de Dios, por lo que se convierte en un líder humilde y respaldado.

> «Porque el Señor se deleita en su pueblo; él corona al humilde con victoria.» (Salmos 149:4 NTV)

Los seguidores le otorgan autoridad al líder, en primer lugar, debido a su posición; pero después continúan siguiéndolo si se satisfacen sus intereses.

Los seguidores no ven de inmediato la fuente de la propia autoridad del líder (ya que piensan que solo se trata de su posición), pero, con el correr del tiempo, se hace evidente. Cuando se dan cuenta de cuál es la fuente de nuestra autoridad (ver la lista anterior), nuestro liderazgo corre una de dos suertes: o se diluye o se consolida.

Por ejemplo, pensemos en un general que obtiene victorias, pero más tarde se descubre que es un megalómano egoísta que ha sacrificado las vidas de sus soldados con el fin de reclamar las victorias para sí mismo. ¿Qué ocurrirá con su liderazgo entonces?

Cuando Jesús fue tentado por Satanás, nuestro Señor hizo una declaración que debería definir nuestro propio liderazgo y la fuente de nuestra autoridad: «Escrito está: "Adora al Señor tu Dios y sírvele solamente a él"» (Lucas 4:8).

Cuando nuestra adoración y nuestro servicio se dirigen hacia arriba, la gente que está a nuestro alrededor sigue nuestra mirada.

Siga esta ecuación para un liderazgo poderoso

Un tema recurrente que espero que usted haya notado a lo largo de este libro es que la mayoría de los líderes eficaces sirven con autoridad. Veamos otro ejemplo.

En 1 Crónicas 13:12 (NTV), leemos que «ahora David tenía miedo de Dios». ¿Por qué? Porque el Señor había juzgado la desobediencia con una ira repentina que dio como resultado la muerte de Uza, uno de los hombres de David.

Después de este suceso, el Señor confirma que su sello de aprobación (y su poder) está sobre el rey David:

> «Con esto David se dio cuenta de que el Señor, por amor a su pueblo, lo había establecido a él como rey sobre Israel y había engrandecido su reino.» (1 Crónicas 14:2)

En la última parte de este versículo, observamos que el reino de David había sido grandemente exaltado (es decir, se le había dado un gran poder y una gran autoridad) para que él pudiera servir y proteger a su pueblo.

Posteriormente, el rey siguió al Señor con diligencia, acudiendo a Él en momentos cruciales. Unos versículos más adelante, observamos el resultado de este líder fiel que se aferraba a Dios y a su autoridad:

«Así la fama de David se extendió por todas partes, y el Señor hizo que todas las naciones tuvieran temor de David.» (1 Crónicas 14:17 NTV)

Dios hizo que el temor que le debe todo ser humano se transfiriera en cierta medida a este hombre clave, simplemente porque David lo buscaba y le obedecía.

El ejemplo de David nos brinda una ecuación muy simple: tema a Dios, lidere como un siervo experto, y Dios lo llenará con la confianza, el poder y la fuerza que vienen de *Él*.

Qué hacer con el poder que usted tiene

> «[...] que se fortalezcan con todo el glorioso poder de Dios para que tengan toda la constancia y la paciencia que necesitan.» (Colosenses 1:11 NTV) ¡El verdadero poder del #liderazgo!

Colosenses 1:11 afirma que podemos recibir poder directamente de la misma fuerza de Dios. También aprendimos del rey David cómo podemos acceder a ello.

Sin embargo, como líderes siervos, ¿qué *hacemos* con este poder celestial? ¿No es el poder la antítesis del servicio?

Encontramos la respuesta en el mismo versículo, cuando dice: «para que». El poder debería traducirse en constancia y paciencia.

Veamos entonces cómo funciona en la práctica este poder espiritual. La constancia y la paciencia le otorgan poder al líder:

- cuando surge un conflicto;
- cuando un año mediocre no termina nunca;
- cuando el equipo retrasa;
- cuando todos comienzan a perder las esperanzas y la paciencia hacia los demás;
- cuando golpea una tragedia;
- cuando surge la amenaza de un competidor;
- cuando todavía no aparece el candidato correcto para contratar;
- cuando el mejor empleado abandona la empresa;
- cuando la empresa se siente débil; o
- cuando los inversores hacen reclamos.

De más está decir que un líder débil fracasaría al enfrentar estas situaciones. Durante los tiempos difíciles, la gente desea un líder fuerte que haya soportado situaciones aun peores y que pueda mirar con paciencia más allá del pánico del momento.

En este momento, ¿qué cosas requieren que usted ejerza una mayor constancia y paciencia? Incluso si no se avecina ninguna gran amenaza, tal vez este sea el momento de ayudar a su gente a lidiar con sus propias dificultades diarias, animándolos a resistir con paciencia.

> «Pues Dios trabaja en ustedes y les da el deseo y el poder para que hagan lo que a él le agrada.» (Filipenses 2:13 NTV) El #liderazgo significa dejar que Dios trabaje a través de nosotros.

> «Porque somos hechura de Dios, creados en Cristo Jesús para buenas obras, las cuales Dios dispuso de antemano a fin de que las pongamos en práctica.» (Efesios 2:10) El #liderazgo significa descubrir el plan de Dios.

Cuatro maneras en que los líderes deberían procurar la gloria personal

Es bien sabido que el líder servidor evita la gloria, porque entiende que la humildad debe preceder al honor (Proverbios 18:12), nunca a la inversa.

Sin embargo, existe una gloria sana que el líder puede procurar... es más, *debería* procurarla.

El término «gloria» deriva de una raíz cuya idea es la de «peso», en el sentido de «importancia» o «valor». Puede utilizarse para describir la riqueza, el esplendor o la reputación de una persona.

Pero, en lugar de que procuremos enriquecer nuestra reputación o nuestras arcas, Dios desea que busquemos la gloria espiritual, al menos de cuatro formas que mencionaré a continuación:

1. **Promueva la sabiduría, la paciencia y la paz.** Proverbios 19:11 declara: «El buen juicio hace al hombre paciente; su gloria es pasar por alto la ofensa». Y sumemos Proverbios 20:3, que asegura: «Honroso es al hombre evitar la contienda, pero no hay necio que no inicie un pleito».
2. **Busque las verdades de Dios.** Proverbios 25:2 afirma: «Gloria de Dios es ocultar un asunto, y gloria de los reyes el investigarlo».
3. **Deje que Dios mismo sea su gloria.** Salmos 3:3 revela que la fuerza de Dios nos llena y nos rodea: «Pero tú, Señor, me rodeas cual escudo; tú eres mi gloria; ¡tú mantienes en alto mi cabeza!».
4. **Acepte la gloria que Dios ya le ha concedido.** Salmos 8:5 (NTV) sostiene: «Sin embargo, los hiciste un poco menor que Dios y los coronaste de gloria y honor».

Tal como lo declara Salmos 103:4, los cristianos ya hemos sido coronados de amor y de compasión.

Lideremos, entonces, con esa gloriosa corona, bien firme en nuestras cabezas.

Establezca y practique su autoridad

Las personas se desarrollan inherentemente en la autoridad. El mundo entero funciona con la autoridad. No podemos conducir un automóvil siquiera unos diez metros sin estar sujetos a la autoridad del límite de velocidad, el derecho de paso y otras reglas de tránsito. El gobierno no es otra cosa que un organismo con autoridad que lleva a cabo ciertas funciones.

Como líder, ¿comprende usted realmente la autoridad de su cargo? Esta autoridad le ha sido dada junto con ciertos requisitos y ciertas responsabilidades. Si usted es el pastor principal de una iglesia, el líder de una comisión o un consultor, entonces posee un nivel específico de autoridad. La gente espera ciertas cosas de usted y tiene un umbral de tolerancia hacia cualquier cosa que usted haga dentro de los límites de su cargo.

¿Ocupa usted completamente los espacios de autoridad que posee en todas las áreas de su vida? ¿Existe algún área en la que usted sea demasiado pasivo?

Veamos ahora algunos versículos en la versión Nueva Traducción Viviente, que nos ayudarán a entender la visión de Dios respecto de la autoridad.

> **1 Crónicas 26:6.** «Semaías […] tuvo hijos muy capaces que obtuvieron posiciones de gran **autoridad** en el clan».
>
> **Ester 8:11.** «El decreto del rey les daba **autoridad** a los judíos de todas las ciudades para unirse y defender su vida».
>
> **Proverbios 29:2.** «Cuando los justos **gobiernan**, el pueblo se alegra. Pero cuando los perversos están en el poder, el pueblo gime».

Mateo 10:1. «Jesús reunió a sus doce discípulos y les dio **autoridad** para expulsar espíritus malignos y para sanar toda clase de enfermedades y dolencias».

Mateo 16:1. «Cierto día, los fariseos y saduceos se acercaron a Jesús para ponerlo a prueba, exigiéndole que les mostrara una señal milagrosa del cielo para demostrar su **autoridad**».

Mateo 28:18. «Jesús se acercó y dijo a sus discípulos: "Se me ha dado toda **autoridad** en el cielo y en la tierra"».

Lucas 7:8. «Lo sé porque estoy bajo la **autoridad** de mis oficiales superiores y tengo **autoridad** sobre mis soldados».

Romanos 13:1. «Toda persona debe someterse a las **autoridades** de gobierno, pues toda **autoridad** proviene de Dios, y los que ocupan puestos de **autoridad** están allí colocados por Dios».

1 Pedro 2:13. «Por amor al Señor, sométanse a toda **autoridad** humana».

En estos pasajes, notamos tres cosas:

1. Todos están bajo alguna autoridad. Absolutamente todos.
2. La autoridad es dada. No podemos crearla por nosotros mismos.
3. Las personas se han ganado la autoridad que se les ha dado.

Estos versículos nos dan una idea de lo que significa el liderazgo de servicio, pero también de lo que es servir con *autoridad*. Cuando se nos concede un cargo que conlleva un cierto nivel de autoridad, se supone que debemos ejercerla. Ser pasivos es ser desobedientes y eludir nuestro deber. Debemos aceptar el poder que se nos ha dado y desempeñarnos de la manera en que lo espera la autoridad que está sobre nosotros.

Como líderes siervos, no solo servimos a la gente que nos sigue, sino también a los que están por encima de nosotros y, en definitiva, servimos a Dios. Pero el servicio es diferente en cada uno de estos tres casos:

1. **Servir a los seguidores:** protegerlos, suplir sus necesidades, guiarlos, brindarles claridad de propósito, animarlos, disciplinarlos, darles un trabajo significativo.
2. **Servir a los que están por encima de nosotros:** ser obedientes, ir una milla más para hacer más de lo que nos han pedido.
3. **Servir a Dios:** prestar más atención a su voluntad que a la nuestra o a la de los demás, escuchar su voz, obedecerle aun cuando no parezca tener sentido, tener fe, adorarlo, ser un

verdadero siervo de su pueblo, sacrificar nuestros deseos y morir a nosotros mismos.

Obviamente existen muchas similitudes entre servir a las autoridades que están por encima de nosotros y servir a Dios como nuestra autoridad máxima.

La autoridad comienza con Él y, como cascada, desciende a través de las generaciones, las organizaciones, las familias y las iglesias. Él es el manantial que se transforma en un río y luego se convierte en una catarata.

¿Cómo deberíamos ejercer nuestra autoridad al momento de dirigir a nuestro personal? ¿Existe alguna fórmula bíblica que podamos colgar en la pared para que nos recuerde cómo hacerlo cada mañana?

Puedo ofrecerle una:

Edifico mi autoridad edificando a los demás.

Se trata de una filosofía bíblica sobre la autoridad para tratar con las cuestiones relacionadas con el personal, y está basada en dos versículos:

> «Pareciera que estoy jactándome demasiado de la autoridad que nos dio el Señor, pero nuestra autoridad los edifica a ustedes, no los destruye. Así que no me avergonzaré de usar mi autoridad.» (2 Corintios 10:8 NTV)

«Les escribo todo esto antes de ir a verlos, con la esperanza de no tener que tratarlos con severidad cuando finalmente llegue. Pues mi deseo es usar la autoridad que el Señor me ha dado para fortalecerlos, no para destruirlos.» (2 Corintios 13:10 NTV)

Cuando edificamos a los demás, nuestra autoridad crece ante los ojos de quienes lideramos. Entonces, cuando necesitamos hacer algo difícil, ya confían en nuestra autoridad para hacerlo.

**Edifico mi autoridad edificando
a los demás <u>ahora</u>.**

Deseo hacer hincapié en esa palabra que agregué al final: «ahora». Edificamos ahora para usar después. Invertimos ahora para recibir un retorno después. Sembramos ahora para cosechar después. Trabajamos ahora esperando recibir un salario después. Así que debemos edificar a la gente *ahora*.

Por otro lado, la situación opuesta también es verdad: *perdemos* autoridad cuando lo único que hacemos es derribar a la gente. Hay consecuencias para las acciones que realizamos hoy. Es como dejar que una deuda vaya aumentando sin hacer nada hasta que llega a ser tan grande que caemos en la bancarrota. Es como vivir nuestra propia vida sin ningún tipo de creencia en Dios y, cuando llegamos al otro lado, nos sorprendemos de su juicio.

¿Cuántas veces ha estado usted bajo un líder o ha observado a un líder que, de forma regular, derriba a su gente y, finalmente, esa gente lo abandona?

¿Cómo edificará usted a las personas que lo siguen? Piense en algunas formas nuevas de animarlos. Puede darles una tarea importante y confiar en que la harán bien. Puede irse de vacaciones y dejar las responsabilidades en manos de su gente por unos días. Puede ascenderlos. Puede simplemente saludarlos y hacer que se sientan queridos. Hay muchísimas formas de edificar a alguien.

Ejerza su autoridad para edificar a su gente, y ellos, a su vez, edificarán la organización. De esto se trata el liderazgo.

> Cuando usted empodera a otros, su propio poder crece. #liderazgo

«La instrucción hace mucho, pero el estímulo lo hace todo.»

(Johann Wolfgang von Goethe)

CAPÍTULO 8

FUERZA AMABLE

Introducción

> «La paciencia vence toda resistencia. La cortesía vence toda oposición»
>
> *(Proverbios 25:15 TLA)*

En la Nueva Versión Internacional, la primera parte de Proverbios 25:15 explica que incluso las personas más indiferentes y difíciles de agradar (como la realeza) pueden caer ante una persistencia paciente: «Con paciencia se convence al gobernante».

Muchos líderes que se esfuerzan por servir descubren que hay fuerza en la paciencia y en la amabilidad. No obstante, el arte del liderazgo de servicio depende del equilibrio del cuándo y el cómo nos contenemos.

Establezca un equilibrio de poder

Si usted hiciera un inventario de su propio estilo de liderazgo, probablemente se inclinaría hacia la amabilidad o hacia la contundencia, en lugar de un equilibrio entre ambas. En mi caso, tiendo a ser demasiado amable en situaciones que requieren un compromiso más contundente. Y conozco a otros líderes que viven a los golpes. Jesús era experto en saber qué tipo de poder persuasivo debía utilizar en cada circunstancia.

Así que estamos a la búsqueda del equilibrio. La Biblia habla de este tema, animándonos a establecer un fundamento de amabilidad.

> «Todos deben estar listos para escuchar, y ser lentos para hablar y para enojarse.» (Santiago 1:19b)

> «Que su amabilidad sea evidente a todos.» (Filipenses 4:5) ¡Incluso como líderes!

> Cómo liderar en este mismo momento: «[...] siempre humildes y amables, pacientes, tolerantes unos con otros en amor.» (Efesios 4:2)

La amabilidad es fácil de identificar y simple de entender, aunque no tan fácil de poner en práctica.

Utilice la fuerza (amable)

> «Luego Jesús entró en el templo y comenzó a echar a los que vendían animales para los sacrificios.»
>
> *(Lucas 19:45 NTV)*

Sea usted un fanático de *La Guerra de las Galaxias* o no, tal vez haya oído a alguien decir: «Usa la fuerza». Lucas (el evangelista, no el Jedi) relata cómo Jesús utilizó la fuerza de manera impresionante para traer paz al templo del Señor. La situación requirió una interrupción violenta de las actividades de los mercaderes que se aprovechaban del pueblo de Dios.

De la misma manera, podemos utilizar una fuerza similar para traer la paz de Dios:

> «La respuesta amable calma el enojo, pero la agresiva echa leña al fuego.» (Proverbios 15:1)

Esta fuerza obviamente debe utilizarse desde el fundamento de la amabilidad. Cuando el griterío del liderazgo se repite incesante día tras día, los oídos de los seguidores se irritan y ensordecen, y tienden a buscar la voz de la razón, más suave.

«Más se atiende a las palabras tranquilas de los sabios que a los gritos del jefe de los necios.» (Eclesiastés 9:17)

En el liderazgo, la amabilidad es complicada. Cuando se nos conoce como líderes amables, cualquier indicio de enojo en nuestra voz en un momento dado despierta la atención de la gente. Pero la Biblia no nos enseña que debemos enojarnos estratégicamente para lograr nuestras metas.

Lideramos con amabilidad siempre que sea posible, y siempre en amor. A veces, lideramos con una pasión que impone nuestra voluntad.

El guerrero amable

Nunca lograremos un equilibrio perfecto. Pero podemos trabajar incansablemente para que la amabilidad sea parte inherente de nuestra personalidad, nuestro estilo y nuestra práctica de liderazgo.

Debido a que Jesús vive dentro de nosotros, sentimos su paz en lo profundo de nuestras almas: «Carguen con mi yugo y aprendan de mí, pues yo soy apacible y humilde de corazón, y encontrarán descanso para su alma» (Mateo 11:29).

Pablo y Pedro son ejemplos de cómo liderar con una personalidad fuerte. Estos apóstoles nos han dejado consejos sobre cómo vivir como líderes apasionados, amables y fuertes:

Colosenses 3:12. «Por lo tanto, como escogidos de Dios, santos y amados, revístanse de afecto entrañable y de bondad, humildad, amabilidad y paciencia.»

1 Timoteo 6:11 NTV. «Pero tú, Timoteo, eres un hombre de Dios; así que huye de todas esas maldades. Persigue la justicia y la vida sujeta a Dios, junto con la fe, el amor, la perseverancia y la amabilidad.»

1 Pedro 3:15-16a. «Más bien, honren en su corazón a Cristo como Señor. Estén siempre preparados para responder a todo el que les pida razón de la esperanza que hay en ustedes. Pero háganlo con gentileza y respeto.»

Una pregunta final que hacen muchos líderes fuertes es de qué manera las palabras amables pueden ayudar en un ambiente caótico, tal como un frente de batalla, un campo de deportes o un entorno de oficina muy intenso.

Salomón nos da una respuesta muy sucinta:

> «¡La lengua amable quebranta hasta los huesos!» (Proverbios 25:15b) La amabilidad fortalece el #liderazgo.

PARTE III

PRACTICAR LA EXCELENCIA: CÓMO APLICAR LA SABIDURÍA BÍBLICA AL RENDIMIENTO DEL LIDERAZGO

CAPÍTULO 9

MISIÓN, VISIÓN Y CULTURA

Introducción

> «Todos los creyentes eran de un solo sentir y pensar.» (Hechos 4:32a) La #unidad es el resultado de un #liderazgo valiente.

La cultura máxima en cualquier organización hace hincapié en la unidad. De hecho, se podría decir que ni siquiera hace falta tener una visión específica si el grupo está unido en cualquier cosa que estén haciendo.

La negatividad y el egoísmo ejercen un poder negativo sobre la visión y la unidad. Santiago nos da una idea de esto:

> «Pues, donde hay envidias y ambiciones egoístas, también habrá desorden.» (Santiago 3:16 NTV) Acabe con los egos para traer orden.

La negatividad y el ego destruyen la unidad, lo que lleva al caos. En el versículo que acabamos de leer, el «desorden» es la antítesis de un liderazgo saludable. Cuando no lidero bien, mis seguidores van cada uno por su lado.

Sea como fuere que usted defina visión, cultura y misión, una cosa queda clara: la unidad es un ingrediente necesario.

La cultura no es una cosa, es un resultado

Piense en qué cosas forman la cultura en cualquier organización, por ejemplo:

- el carácter y la personalidad del líder;
- el entorno físico;
- el tipo de contrataciones que se realizan normalmente;
- si se ha expulsado a los «burladores»;
- cuán empoderada y confiada se le permite ser a la gente;
- el estilo de comunicación de los líderes principales;
- cómo se logra hacer las cosas;
- la industria en la que usted se encuentra;
- cómo le va a su negocio;

- si se está fusionando con otra organización;
- la ubicación geográfica;
- el tamaño de la organización; o
- la antigüedad de la organización.

Estos son solo algunos de los factores que contribuyen a la cultura de una organización. Seguramente usted podrá agregar varios más.

Si desea cambiar la cultura, recuerde: es extremadamente difícil. Es el resultado lógico de una gran cantidad de factores combinados, muchos de los cuales están fuera de su control. El cambio más controlable (y con mayor impacto) que usted podría realizar es decidir quién ocupa cada cargo.

La cultura no es una cosa, es un resultado.

> ¿Por qué se dice que la #cultura destruye la #visión? ¿Por qué la #misión y la visión deben estar separadas? Cuanto más lidero, más preguntas me hago sobre esto.

Dos tácticas que cambian la cultura

Hemos oído acerca de lo difícil que resulta cambiar la cultura o presentar una nueva visión en una organización. No obstante, creo que, en la mayoría de los casos, el cambio fluye naturalmente de dos ejes clave de liderazgo.

Eje 1: Ubicación de las personas. Hace unos años, realizamos unos cambios de personal gerencial que alteraron drásticamente el aspecto de nuestra empresa. Cuando llegaron los empleados nuevos, no hice mucho para tratar el tema de la cultura de nuestro negocio. Ellos cambiaron el ambiente sin siquiera saberlo, y yo me sentí más libre para relanzar una visión que muchos habían olvidado.

Eje 2: Corazones felices. Si usted siente que ha hecho todo lo que podía en cuanto al desarrollo de su gente y los reemplazos necesarios, Proverbios ofrece una táctica simple para aliviar la cultura:

> ¿Desea un cambio en la cultura? ¡No use palabras!
> «Una mirada radiante alegra el corazón.» (Proverbios 15:30a) #liderazgo

A veces somos demasiado serios al liderar. Pequeñas cosas tales como sonreír o saludar pueden afectar el estado de ánimo de las personas. Cuando me obligo a salir de mi oficina y caminar un rato por las instalaciones, me doy cuenta de que me levanta el ánimo ver que los demás me miran a *mí* con alegría.

Incluso en una empresa de grandes dimensiones, donde se desarrollan subculturas diferenciadas entre los distintos departamentos, lugares o divisiones, un líder puede afectar el ambiente de su propio departamento, independientemente de la cultura corporativa en general.

Cuando la atmósfera parece estancada o debilitada, invertir en programas motivacionales o comodidades en el lugar de trabajo podría ser una pérdida de tiempo. La cultura no cambiará realmente a menos que la gente cambie primero.

¿*Realmente* lidera usted con claridad?

Rara vez la claridad es una meta consciente del líder, aunque todo líder es consciente de su ausencia.

La claridad es un estado mental que primero debe alcanzar el líder, luego sus seguidores, y luego los clientes.

¿Por qué es tan importante? Piense en todas las áreas del liderazgo donde se necesita claridad... y donde su ausencia deja un vacío.

- Claridad en las relaciones.
- Claridad en la descripción del trabajo y las tareas.
- Claridad en la visión.
- Claridad en la delegación.
- Claridad en la comunicación.
- Claridad en el conflicto.
- Claridad en la celebración.
- Claridad en la estrategia.
- Claridad en la autoridad.

Si en estas áreas que hemos mencionado reina la ambigüedad, las personas sentirán que no se las está liderando bien. Por naturaleza, todos buscan claridad, aunque sea inconscientemente. Desean saber qué es lo que deben hacer y a dónde deben ir.

De más está decir que las personas no desean que se las controle excesivamente, pero la claridad que anhelan tiene que ver con entender las expectativas y el propósito.

La claridad es mejor que la simplicidad. Lo simple es bueno, pero no necesario. Si un empleado entiende un concepto nuevo, tal vez siga pareciendo complejo para las personas ajenas al tema, pero ahora este empleado puede ayudarles a entenderlo también.

La claridad no es necesariamente evidente. Tiene autonomía propia. Es un hecho. Es verdad. Se puede recordar. Se puede memorizar fácilmente.

La claridad representa un trayecto desde la complejidad, el caos, las falsedades, la confusión y el conflicto hacia la comprensión, hacia la revelación.

Es un proceso que consiste en eliminar los obstáculos que desmotivan, desmoralizan y desvían a la gente.

La claridad vende.

La claridad motiva.

La claridad es visión nítida.

La claridad rompe con el desorden.

La claridad despeja la atmósfera.

La claridad elimina las nubes para poder ver el pico de la montaña.

> La claridad viene, pero no ahora. «Todo lo que ahora conozco es parcial e incompleto, pero luego conoceré todo por completo.» (1 Corintios 13:12b NTV)

Forme un equipo brillante antes de lanzar una visión brillante

¿Buscar una nueva «visión» es la respuesta a la mayoría de los problemas en su organización? Con demasiada frecuencia, la búsqueda de una visión convincente desvía la energía que deberíamos utilizar para desarrollar un personal de calidad. A menudo, nos excusamos por las fallas del personal diciendo que la visión es «deficiente».

La excelencia requiere que las cosas sean bien ejecutadas por la gente correcta. Si las personas no ocupan los cargos correctos o los procesos están causando trabas o es imperioso que algunos empleados deban retirarse de la organización, entonces una nueva visión no es necesariamente la respuesta a los problemas. Al principio, tal vez parezca que así es, pero probablemente la nueva visión se vea saboteada por las mismas cosas que están obstaculizando la visión actual.

En primer lugar, solucione los problemas actuales, ya se trate de personas, procesos, estructuras o recursos. Solucionar los problemas brinda energía a las personas y, cuando están llenas de energía, se sienten más motivadas.

Un personal motivado puede ayudar con más facilidad al líder a descubrir una nueva visión en el momento correcto. **Forme un equipo brillante antes de lanzar una visión brillante.**

Eleve su visión

La Biblia tiene mucho que decir acerca de la visión. Evidentemente el problema con lanzar una visión radica en que solo Dios sabe el futuro; así que, si preferimos un futuro en particular en lugar de otro, al fin de cuentas no es de importancia realmente.

Entonces, ¿qué hacemos con la visión? No podemos ignorarla. Es difícil de controlar. Y obviamente no podemos ver el futuro.

Si redefinimos la visión como una meta que glorificará a Dios, entonces nos acercaremos más a la propia visión que Dios tiene para nuestro liderazgo.

Los siguientes pensamientos para compartir tratan sobre diferentes maneras de ver la #visión.

> ¿Qué pasaría si mi gran #visión consistiera simplemente en llevar a cabo el plan actual de la manera más exitosa posible? #liderazgo

> ¿Qué me motiva en mi trabajo? La oportunidad de crear un futuro guiado por Dios. #liderazgo

MISIÓN, VISIÓN Y CULTURA

El entusiasmo por el futuro (que algunos llaman #visión) alimenta mi #liderazgo diario. ¿Qué cosa lo empuja a usted?

¿Se siente desanimado porque no tiene una #visión convincente? El éxito y el trabajo gratificante pueden inspirar a la gente hasta que surja una visión.

«Concentren su atención en las cosas de arriba, no en las de la tierra» (Colosenses 3:2) Cuando el #liderazgo mira hacia arriba y hacia adelante, los ojos de los demás también lo harán.

«Que se escriba esto para las generaciones futuras, y que el pueblo que será creado alabe al Señor.» (Salmos 102:18) #visión #liderazgo

CAPÍTULO 10

EL PERSONAL

Introducción

> «Clamó entonces Moisés al Señor, y le dijo: —¿Qué voy a hacer con este pueblo?» (Éxodo 17:4) ¡El clamor de los que están en #liderazgo!

«¿Qué voy a hacer con este pueblo?» ¡En serio! Me pregunto esto mismo una vez por mes. Las personas me frustran. Me sorprenden y me desilusionan. A veces, me entristecen.

Pero también dan un paso adelante y se hacen cargo de las situaciones. Son leales y amables. Hacen que mi trabajo sea más fácil. Me hacen reír.

¿Cómo podemos tratar con las personas cuando son una mezcla tan grande de contrastes? ¿Cómo podemos, con nuestro particular estilo de liderazgo, unir dicha diversidad?

La primera tarea del liderazgo es reconocer que yo también tengo de todo un poco. Es muy común decir: «Nadie es perfecto», pero estamos tan lejos de la perfección que este dicho tan pintoresco en realidad nos confiere demasiado mérito. Mis estados de ánimo, mi fatiga, mis preocupaciones, mi carga de trabajo y un sinnúmero de otros factores me distraen justo cuando necesito concentrarme en mi tarea.

A veces me alegra ser el líder, porque sé que yo sería una persona difícil de dirigir. Todo el tiempo le pido al Espíritu Santo que me llene de compasión, de energía, de amor, de gozo. ¿Qué necesidades espirituales tiene usted?

Nuestra gente también las tiene.

> «Así que de ahora en adelante no consideramos a nadie según criterios meramente humanos.» (2 Corintios 5:16a) Las fallas de la gente esconden sus necesidades espirituales.

Subordine las palabras a los hechos

En todo el mundo, las madres siempre han tenido la razón al afirmar: «Mejor que decir es hacer».

> «[...] no amemos de palabra ni de labios para afuera, sino con hechos y de verdad.» (1 Juan 3:18)

Lo que hacemos demuestra lo que somos más de lo que podrían hacerlo nuestras palabras. En el versículo que acabamos de leer, las acciones demuestran y purifican nuestro amor. Y en este pasaje de Santiago, observamos que las acciones también demuestran nuestra fe.

> «Hermanos míos, ¿de qué le sirve a uno alegar que tiene fe, si no tiene obras?» (Santiago 2:14a)

Cuando los empleados dicen cosas agradables y prometen con buenas intenciones, en realidad lo que debemos buscar es la acción. Muchísimas veces me he sentido engañado cuando las palabras bienintencionadas de alguien solo dieron como resultado ausencia de acción... o una acción incorrecta. Para mí, es una cuestión de integridad: haga lo que dice que va a hacer.

¿Y qué sucede con sus propias palabras y sus propios hechos? ¿Coinciden? ¿Sus palabras quedan demostradas por sus hechos?

Adopte nuevas acciones

Cuando comenzamos a enfocarnos en nuestras acciones, y no tan solo en nuestras palabras, naturalmente nos preguntaremos qué deberíamos hacer que no estábamos haciendo antes. La siguiente lista incluye algunas prácticas recomendadas sobre liderazgo que encontramos en la Biblia.

1. Sea generoso ante una falla.

Una de las actividades de liderazgo más significativas (y subestimadas) es la generosidad. A menudo, las personas ansían que su líder sea generoso cuando no lo es, pero dan por sentada la generosidad cuando esta característica es rutinaria en el líder. Veamos qué dicen las Escrituras acerca del equilibrio que debemos tener en nuestro propio liderazgo.

> «No dejes de hacer el bien a todo el que lo merece.» (Proverbios 3:27 NTV) Una ley del #liderazgo que nunca falla.

> «No retengas el salario de tu jornalero hasta el día siguiente.» (Levítico 19:13b) ¡Páguele a la gente cuanto antes!

> «[...] siempre que tengamos la oportunidad, hagamos bien a todos.» (Gálatas 6:10) Especialmente a los empleados que piden ayuda. #liderazgo

> «Dichoso el que piensa en el débil; el Señor lo librará en el día de la desgracia.» (Salmos 41:1)

> ¿Está usted preocupado por una recompensa terrenal? «Bien le va al que presta con generosidad.» (Salmos 112:5a)

2. No se deje engañar.

Muchos líderes son ingenuos, al menos en algunos momentos. Cuando escucho las quejas de alguien, debo recordarme constantemente que siempre hay que escuchar la otra campana.

> «El primero en presentar su caso parece inocente, hasta que llega la otra parte y lo refuta.» (Proverbios 18:17) El #liderazgo escucha a las dos partes.

3. No intente agradar a todos siempre.

En Nehemías 13 leemos que el gobernador Nehemías había terminado de reconstruir el muro alrededor de Jerusalén y había regresado a Babilonia, donde retomó su cargo ante el rey Artajerjes. Sin embargo, desde la distancia, Nehemías se enteró de que algunos israelitas en Jerusalén tenían una visión laxa de las leyes de Dios y estaban descuidando el templo. Así que Nehemías le pidió al rey que lo dejara regresar para enderezar al pueblo.

Nehemías volvió a Jerusalén y tomó decisiones muy difíciles: sacó a un líder del templo a la fuerza; ordenó a la gente que volviera a sus puestos; reprendió a los nobles por no respetar el sábado; amenazó con arrestar a los mercaderes que esperaban al acecho fuera de las puertas de la ciudad cada sábado; y golpeó y maldijo a los hombres que se habían casado con mujeres extranjeras.

Nehemías hizo lo que había que hacer. No obstante, hacia el final del capítulo 13, nos damos cuenta de que Nehemías sentía que no agradaba a muchas personas después de haber realizado todas estas reformas. Entonces recurrió al Señor para validar su celo:

> «¡Acuérdate de mí, Dios mío, y favoréceme!» (Nehemías 13:31) La oración de Nehemías después de tratar con problemas interpersonales difíciles en el #liderazgo.

Que nosotros también podamos hacer lo que sea necesario, aun corriendo el riesgo de no agradar a los demás. Y que busquemos la aprobación de arriba.

4. Deje que la gente trabaje por su recompensa.

Me pongo nervioso cada vez que alguien exige un ascenso: el simple hecho de pedir un cargo más alto lo descalifica del liderazgo de servicio.

En cambio, cuando me piden *responsabilidades* adicionales, es otro cantar. Este es el caso de uno de los entusiastas líderes del rey David, que se ofreció como voluntario para dirigir el ataque sobre Jebús, la ciudad que más tarde llamarían Jerusalén. Este líder, Joab, arriesgó su vida por el rey y recibió la recompensa.

> «¡El primero que ataque [...] será el comandante de mis ejércitos!» (1 Crónicas 11:6a NTV) La gente debería GANARSE los puestos de #liderazgo.

Aunque sabía de antemano cuál sería la recompensa, Joab respondió a la necesidad, en lugar de exigir un puesto. Así, David lo nombró comandante del ejército real.

5. Identifique quién ha cambiado observando lo que desborda de su vida.

Por lo general, las personas no cambian a menos que algo verdaderamente dramático (como la mano de Dios) las transforme. Sin embargo, efectivamente la gente cambia: tomemos el caso de Saulo, un enemigo a muerte del pueblo de Dios, a quien el Señor sacudió de la noche a la mañana.

> «Ustedes ya están enterados de mi conducta [...], de la furia con que perseguía a la iglesia de Dios, tratando de destruirla» (Gálatas 1:13) El #liderazgo admite los errores.

He visto a una persona recuperarse de un estilo de vida de adicciones, solo para caer en las mismas adicciones durante los años siguientes. Esta persona experimentó depresión y grandes pérdidas, lo que lo llevó al borde del abismo. Afortunadamente, el Señor lo hizo recapacitar y su fe es ahora más sólida que nunca.

Cuando alguien cambia para bien, prestemos atención a lo que desborda de su vida. Lo que realmente es se filtrará en sus palabras y en sus acciones de tal manera que no lo pueda controlar.

Esto es lo que ocurre con cada uno de nosotros cuando somos salvos y llenos del Espíritu Santo.

> «En otro tiempo ustedes estaban muertos en sus transgresiones y pecados, en los cuales andaban conforme a los poderes de este mundo.» (Efesios 2:1-2a)

Vea a su organización como una masa informe

Las organizaciones son como amebas: constantemente cambian, se dividen, se mueven y alteran su forma, siempre a punto de multiplicarse o morir.

EL PERSONAL

Resulta muy útil pensar en una organización de esta manera, en lugar de verla como una jerarquía de múltiples escalones. Pensémosla como una red de relaciones, en lugar de una lista organizada de cargos y responsabilidades.

A menudo cambiamos la estructura de nuestra pequeña empresa según los talentos que vamos incorporando. Una persona que contratamos recientemente vino a reemplazar a un ejecutivo que se retiraba de la empresa. Este nuevo empleado comenzó inmediatamente a forjar relaciones e infundió nueva energía al cargo que ocupaba. Además, sus talentos eran diferentes a los de la persona que había reemplazado, lo que nos llevó a cambiar la descripción de su cargo. Incluso comenzamos una nueva línea de negocios con base en sus habilidades y ética laboral.

Si todo lo que usted tiene en la organización son espacios que debe llenar, tal vez esté perdiéndose una oportunidad de crecer y cambiar si no permite que las personalidades y las habilidades de su gente influencien el negocio.

De más está decir que considerar de esta manera a su empresa es semejante a lo que ocurre con el clima: impredecible, sujeto a temporadas, extremo, lleno de energía y propenso a provocar una inmediata belleza... o una inmediata oscuridad.

Y de esto se tratan los negocios.

Y la vida.

¿Tiene usted una «Brigada A»?

Me gustaría hacerle algunas preguntas:

1. ¿Considera usted a su personal actual como su «Brigada A»?
2. De no ser así, ¿qué está haciendo usted para solucionarlo?
3. ¿Existe alguna área débil en su liderazgo que tal vez esté causando problemas en su equipo?

Hace unos años, tuvimos en nuestra empresa a un ejecutivo (a quien llamaremos John) que, simplemente, había permanecido con nosotros demasiado tiempo. Lo heredé como parte del equipo gerencial cuando asumí el cargo de gerente general. Su jefe anterior ya había dejado la empresa. Mucha gente, incluso el mismo John, supuso que yo lo despediría una vez que me asentara en mi nuevo cargo.

Y aunque yo deseaba hacerlo, no pude realizar el cambio inmediatamente. Uno de mis otros líderes principales ya había realizado sus propios cambios de personal y consideró que si yo también lo hacía ahora, la empresa tendría demasiada rotación de personal en poco tiempo.

En cierta ocasión, John literalmente le comentó a alguien: «No sé por qué preparo todos estos informes y llevo a cabo estos proyectos. Nunca nadie los mira ni a nadie le importa lo que hago». ¡Vaya! Eso decía mucho de la situación: ni siquiera él mismo consideraba que su cargo tuviera relevancia alguna en la empresa.

EL PERSONAL

Había sido mi error dejar que John viniera a trabajar día tras día, suponiendo que él era útil sin que yo le diera muchas indicaciones. Fue mi culpa dejar que transcurriera demasiado tiempo. Debería haberle pedido cuentas de sus tareas con más frecuencia o haberlo despedido antes.

Si en una organización hay problemas con el personal, probablemente existan problemas con el liderazgo principal. Si hay problemas con el liderazgo principal, probablemente existan también problemas con el personal.

> «Tu conducta y tus acciones te han causado todo esto.» (Jeremías 4:18a) El #liderazgo permite las consecuencias.

> «Con la maldad viene el desprecio.» (Proverbios 18:3a) Tenga cuidado de a quién permite ingresar a su equipo.

CAPÍTULO 11

EL ÉXITO

Introducción

A lo largo de la historia, el mundo ha producido líderes icónicos en todos los sectores: líderes militares, literarios, políticos, polémicos, académicos, científicos, musicales, médicos, técnicos, cinematográficos, deportistas, artísticos, empresarios, financieros, religiosos, industriales y de la realeza. Es probable que usted conozca un nombre famoso en cada una de estas categorías.

Un sinnúmero de autores y asesores han intentado identificar cuáles eran los elementos que les otorgaron éxito a estos líderes. ¿Qué cosas inspiraron a Lincoln, MacArthur, Mozart, Einstein y Curie? La gente que se encuentra en el pináculo del éxito tiene mucho que enseñarnos, independientemente de cuál sea su campo de acción.

La Biblia también habla sobre el éxito. Pongamos atención entonces a algunos consejos que nos brinda el Autor divino del éxito.

Deléitese en el Señor

> «Deléitate en el Señor, y él te concederá los deseos de tu corazón.» (Salmos 37:4) Incluso mis metas y deseos de #liderazgo.

¿Cuál es su visión más inspiradora en estos momentos? ¿Cuáles son las metas que más desea alcanzar? ¿Tiene algún sueño que le haga levantarse de la cama cada mañana?

Lo que hace a un líder es su esfuerzo diario. Pero, mientras ansiamos tener éxito, Dios desea algo más allá del progreso: que nos deleitemos en Él.

¿Suena esto un poco blando? El término «deleitable» no es una palabra que precisamente me dé energía. Sin embargo, cuando nos deleitamos en Dios (confiando en Él, obedeciéndole y amándole), Él nos hace una promesa asombrosa: **nos concederá los deseos de nuestro corazón**.

Mientras perseveramos para alcanzar el progreso, deleitémonos en el Señor. Busquemos agradarle Él, tal como Él mismo se agrada de nosotros:

«Que las palabras de mi boca y la meditación de mi corazón sean de tu agrado.» (Salmos 19:14 NTV)

A medida que profundicemos nuestra relación con Dios de esta manera, Él nos concederá nuestros deseos más profundos.

Siga los desvíos divinos

> «También se le unieron todos los oprimidos, todos los que tenían deudas y todos los descontentos, y David llegó a ser su capitán.» (1 Samuel 22:2 DHH) El #liderazgo de David comienza de nuevo.

A David lo perseguían y habían puesto precio a su cabeza. Mientras que la mayoría de los ciudadanos respetables huyeron de él, muchas personas desesperadas lo vieron como su única esperanza. Sabían que David era confiable, pero también se identificaban con él porque no tenía dónde refugiarse.

David había pasado de ser un donnadie a ser un héroe nacional, y luego a ser un fugitivo inocente. David debió haber deseado no haberse ofrecido nunca como voluntario para luchar contra ese gigante. Aun así, Dios lo había arrancado del anonimato y lo había colocado en el centro de la atención.

¿Por qué el Señor permitiría que su ungido saliera corriendo temeroso justo antes de colocarlo en el trono?

Dios tenía un plan mayor entre manos. La paciencia, la confianza y la fidelidad de David fueron probadas y, finalmente, recompensadas.

A veces, en el camino al éxito, Dios coloca una señal de desvío delante de nosotros.

Permítase tener debilidades

> Las debilidades del #liderazgo en una situación pueden ser puntos fuertes en otra, como un general victorioso que lucha en tiempos de paz.

¿Cuáles son sus debilidades en el liderazgo? ¿Carece de habilidades para planificar, hablar, escribir, socializar, hacer números, resolver problemas interpersonales o enfocarse en las tareas?

Bueno, no es nada del otro mundo: simplemente usted no es bueno en algo. Y tampoco lo fueron incontables héroes de guerra (incluido Winston Churchill) en tiempos de paz. El sentido de urgencia y de una catástrofe inminente que atrajo a la gente hacia estos héroes en tiempos de guerra se disipó más tarde cuando se levantaron nuevos líderes, los reconstructores.

Los «líderes héroes» se levantan en tiempos específicos para fines específicos. Y luego venimos todos nosotros. Lideramos en tiempos buenos y en tiempos malos, en tiempos de paz y en tiempos de guerra, de día y de noche.

Si me llamaran a liderar porque la historia requiriera de mis habilidades y de mi personalidad para una misión específica, me sentiría mucho más útil que lo que me siento en cualquier día de mi vida normal.

Así que permitámonos tener debilidades.

Nuestras fortalezas nos llevarán al éxito en el tiempo oportuno, Dios mediante.

> «Si alguien nunca falla en lo que dice, es una persona perfecta.» (Santiago 3:2b) Relájese: ¡está bien ser imperfecto!

Recicle lo que funciona

> «Lo que ya ha acontecido volverá a acontecer;
> lo que ya se ha hecho se volverá a hacer.»
> *(Eclesiastés 1:9)*

¿Le faltan nuevas ideas? Mire hacia el pasado.

El mercado ha estado innovando y pensando de forma creativa por décadas. No obstante, cuando examinamos nuestros negocios y analizamos su historia, con frecuencia descubrimos ciertos productos, servicios o modelos fundamentales que siempre han funcionado.

La tecnología, el estilo y el contexto pueden cambiar, pero las ideas básicas que nos llevaron al éxito en el pasado por lo general siguen funcionando.

No me refiero a compañías emergentes, sino a empresas en industrias bien establecidas que están buscando lo novedoso. Si esto describe a su organización, ¿cuáles son las estrategias y tácticas fundamentales que siempre han funcionado y que simplemente deben actualizarse?

A veces, el pasado realmente es el preludio al éxito de hoy.

Valore la experiencia por sobre el entusiasmo

> «Vale más el fin de algo que su principio.» (Eclesiastés 7:8a) El #liderazgo siempre tiene en mente el final del juego.

¿Está usted de acuerdo con las siguientes afirmaciones en cuanto a la vida y el trabajo?

- La edad tiene más valor que la juventud.
- La sabiduría tiene más valor que el conocimiento.
- La experiencia tiene más valor que la capacitación.
- Los logros son más deseables que el esfuerzo.

Muy pocos podrían poner en tela de juicio que la edad, la experiencia y la sabiduría ganan al final de cuentas. En mi caso, a medida que pasan los años, he aprendido cuán sabio es contratar personas de mayor edad que tal vez no tengan la energía de la que disfrutaron alguna vez, pero que pueden sacar ventaja del pasado.

Para todo seguidor de Cristo, dejar esta tierra es mejor que entrar en ella.

El final de un asunto es mejor que su comienzo, decididamente.

Prevenga los fracasos causados por asociarnos con otros

> Líderes: «No formen yunta con los incrédulos.» (2 Corintios 6:14a) Las malas yuntas no terminan bien.

Por experiencia, puedo decirle que este tipo de fracasos duele. Para evitarlo, espere hasta saber que lo que usted cree, e incluso sus propias metas, se alinean con las de la otra persona.

Dé

> «No se olviden de hacer el bien y de compartir con otros lo que tienen, porque esos son los sacrificios que agradan a Dios.» (Hebreos 13:16) Un llamado del #liderazgo.

La aprobación de Dios es una marca de éxito. Podemos generar muchas ganancias, desarrollar una marca internacional o plantar una red de iglesias, pero, en definitiva, ¿cómo ve Dios dichos logros?

Él los ve como cosas buenas; sin embargo, según el versículo que acabamos de leer, esto solo representa la mitad de la ecuación: también debemos compartir lo que tenemos de forma sacrificial.

Dar es una responsabilidad innegable del liderazgo. El mundo está de acuerdo con esto... e incluso lo espera.

Dios exhibe esta clase de dar: nos ha dado una posición, recursos y una misión; nos ha dado misericordia, gracia y al Espíritu Santo; y ha sacrificado a su propio Hijo por nosotros.

Cuando sacrificamos algo por los demás, estamos recordando el regalo máximo de Jesús: dar su vida por nosotros. No sirvamos a nuestros empleados simplemente porque el servicio es la última moda del liderazgo; sirvámoslos porque esto agrada al Padre.

> «Si uno de ustedes presta dinero a algún necesitado de mi pueblo, no deberá tratarlo como los prestamistas ni le cobrará intereses.» (Éxodo 22:25)

Tenga cuidado con pedir prestado

> «[...] los deudores son esclavos de sus acreedores.»
> *(Proverbios 22:7b)*

Hace unos años, les pedí a ciertos ejecutivos cristianos exitosos que me dieran su opinión sobre si pedir prestado dinero para desarrollar un negocio era válido desde el punto de vista bíblico. Sentía un conflicto entre el abordaje «cero deuda» para las finanzas personales propuesto por Dave Ramsey, por un lado, y el costo de no aprovechar la oportunidad de hacer crecer la empresa, por el otro. A continuación, comparto algunas respuestas notables que recibí.

1. Creo que Romanos 13:8 diría que no («No tengan deudas pendientes con nadie»). Sin embargo, no sé si esto se condice con la realidad en el mundo de los negocios de hoy en día. Mi único consejo sería que usted considerara cuidadosamente el costo que ello supondría... y luego que lo dejara totalmente delante de Dios y le pidiera una respuesta.
2. Creería que está bien pedir prestado para crecer. Hay una gran diferencia entre pedir prestado para consumir y pedir prestado para invertir. Obviamente sigue existiendo un riesgo, por lo que se requiere prudencia, pero no creo que pedir prestado dinero para adquirir algo sea inherentemente pecaminoso.
3. Lo que yo entiendo de la posición bíblica en cuanto a este tema es que pedir prestado dinero está permitido, pero debería hacerse con cautela y prudencia. Las dos prohibiciones tajantes en cuanto a pedir prestado son las siguientes: (1) si esto esclaviza al que pide prestado; y (2) si implica un pago de intereses usurero.

La Biblia no enseña que la deuda sea algo malo, sino que es peligrosa y que, cuando la conciencia así lo requiera, es algo que debe perdonarse (Dios perdonó nuestras deudas, ¿no es así?). Resulta interesante observar que las deudas más prolongadas en las antiguas comunidades israelitas solo duraban siete años y luego se perdonaban (ver Deuteronomio 15:1).

Por lo tanto, el consejo de estos líderes y de las Escrituras radica en que deberíamos evitar la deuda cuanto podamos y, si finalmente decidimos emplear el dinero de otros, deberíamos tratar de liberarnos lo más rápido posible antes de que las cadenas de la deuda nos aprieten.

> «No tengan deudas pendientes con nadie, a no ser la de amarse unos a otros. De hecho, quien ama al prójimo ha cumplido la ley.» (Romanos 13:8)

Mida el éxito correctamente

En cierta ocasión, se le preguntó a Sir Laurence Olivier qué lo había transformado en un actor tan exitoso, a lo que respondió: «La humildad suficiente para prepararme y la confianza suficiente para demostrarlo».

Como pueblo de Dios, tenemos la responsabilidad de no considerarnos mejores de lo que somos. De más está decir que tampoco está bien subestimarnos a nosotros mismos. El equilibrio radica en pensar de nosotros mismos de manera objetiva o, tal como lo afirma Romanos 12:3, «más bien piense de sí mismo con moderación».

EL ÉXITO

¿Qué significa, como líder siervo, pensar de uno mismo con moderación? Veamos otras dos traducciones de este versículo:

> «Sean realistas al evaluarse a ustedes mismos, háganlo según la medida de fe que Dios les haya dado.» (NTV)

En la versión de la Biblia en idioma inglés *The Message*, que traducimos libremente a continuación, leemos lo siguiente:

> «La única forma correcta de comprendernos a nosotros mismos es por lo que Dios es y por lo que él hace por nosotros, no por lo que somos ni por lo que hacemos por él.»

El caso es que, independientemente de lo mucho (o poco) que hagamos, no deberíamos medir nuestro éxito personal con base en ello. De hecho, la palabra «éxito» en su sentido tradicional subestima a Dios.

Por el contrario, Dios desea que veamos lo que *Él* hace y que le demos gloria por ello. Somos como sus manos y sus pies, nada más.

Si descansamos en su voluntad y bebemos de la fe que Él derrama en nosotros, participaremos en su gloria.

> «Sean realistas al evaluarse a ustedes mismos.» (Romanos 12:3 NTV) ¡No nos engañemos acerca de nosotros mismos! #liderazgo

PARTE IV

PROFUNDIZAR: CÓMO DESARROLLAR EL LIDERAZGO ESPIRITUAL EN USTED MISMO Y EN LOS DEMÁS

CAPÍTULO 12

EL LLAMADO Y EL LEGADO

Introducción

Nuestro llamado no siempre es claro. Consideremos a uno de los amados líderes de Dios:

> «Cuarenta años después, [...] un ángel se le apareció a Moisés en la llama de una zarza ardiente.» (Hechos 7:30 NTV) ¡Finalmente llegó su momento de #liderazgo!

¿Qué piensa usted que pasó por la cabeza de Moisés durante esos cuarenta años? Me imagino que, por momentos, dudaba de Dios. Tal vez, incluso, estaba amargado. Pero finalmente llegó su momento, y de la manera más impresionante.

Aun después de que Moisés tuviera la experiencia de la zarza ardiente y aceptara la tarea que Dios le había encomendado, los desafíos del liderazgo nunca se terminaron.

> «Moisés suponía que sus hermanos reconocerían que Dios iba a liberarlos por medio de él, pero ellos no lo comprendieron así.» (Hechos 7:25) ¡Tal como Jesús!

Jesús lideró a pesar de la incomprensión y sin saber exactamente qué le deparaba el futuro: «Pero, en cuanto al día y la hora, nadie lo sabe, ni siquiera los ángeles en el cielo, ni el Hijo, sino solo el Padre» (Mateo 24:36).

Cuando oigo a alguien decir que ha recibido un llamado de por vida, mi respuesta es ambigua. Por un lado, entiendo lo que se siente estar haciendo lo que Dios desea que uno haga, lo que Él *diseñó* que hagamos. Pero también me pregunto si la persona simplemente está justificando la dirección que ha tomado su vida en este momento o, incluso, racionalizando que lo que desea hacer *debe* ser su llamado.

De cualquier manera, sí existe un llamado diario que es real para todos los creyentes:

> «Trabajen siempre para el Señor con entusiasmo, porque ustedes saben que nada de lo que hacen para el Señor es inútil.» (1 Corintios 15:58 NTV)

EL LLAMADO Y EL LEGADO

Independientemente de los «llamados» que pueden variar a lo largo de nuestra vida, si ponemos todo nuestro entusiasmo, nuestro trabajo no será en vano.

> «¡Recuerda, Dios mío, todo lo que he hecho por este pueblo, y favoréceme!» (Nehemías 5:19) La oración del #liderazgo de servicio.

En la práctica, el llamado es subjetivo, cambiante, a veces ingrato, y siempre involucra la fe. Y es justamente ese aspecto desconocido lo que requiere nuestra confianza y dependencia.

> «¡Quién sabe si no has llegado al trono precisamente para un momento como este!» (Ester 4:14) ¿Por qué estaría usted REALMENTE en un puesto de #liderazgo?

Es imposible conocer los propósitos de Dios en cada situación que enfrentamos en el liderazgo. A veces, Dios decide no revelar su plan completo, sino que lo va haciendo de a poco. Entonces, ¿qué debemos hacer?

> «En conclusión, ya sea que coman o beban o hagan cualquier otra cosa, háganlo todo para la gloria de Dios.» (1 Corintios 10:31)

Sea lo que fuere que hagamos, debemos glorificar a Dios mientras lo hacemos.

Y, aun así, muchos de nosotros seguimos anhelando recibir una dirección específica. Odio cometer errores, perder tiempo y recursos, y no avanzar por el camino correcto. Me imagino que usted también. Quiero glorificar al Señor, pero lo quiero hacer bien.

Preste atención a la «ley del trabajo eficaz»

«Señor, ¿qué quieres que haga?»

Esta pregunta resuena de forma continua en la mente de todo líder cristiano. ¿Cómo tratar a un empleado problemático? ¿Qué estrategia general debo emplear? ¿Cuándo debo lanzar el nuevo producto? ¿A quién contrataré? ¿Cuánto debo gastar?

¿Por qué, en ocasiones, la dirección y la guía parecen tan esquivas?

Aunque no tengo espacio aquí para mencionar todas las veces que la Biblia habla de buscar a Dios en cada aspecto de nuestra vida, *sí* existe una manera simple de saber qué deberíamos hacer en un sentido general.

Las cuestiones importantes, tales como el llamado, el ministerio, la vocación, la misión, la planificación y otras, quedan incluidas en el ámbito de lo que llamo la «ley del trabajo eficaz».

Cuando nos enfrentamos a una pregunta relacionada con dónde ir o qué hacer a continuación, deberíamos ver todas las puertas que tenemos delante de nosotros. Algunas estarán enrejadas; otras, cerradas; otras, rotas; otras, entreabiertas; y otras, abiertas de par en par. ¿Cuál deberíamos elegir?

La puerta por donde podamos realizar el trabajo más eficaz.

El apóstol Pablo inició este concepto:

> «Se ha abierto una puerta de par en par para hacer un gran trabajo en este lugar.» (1 Corintios 16:9 NTV)

El apóstol iba a donde se lo guiaba, donde se lo necesitaba, donde se lo invitaba. Una vez que Pablo se rindió al Señor, Dios utilizó sus habilidades de formas nuevas y apasionantes: lo llevó a experimentar aventuras donde su vida corrió riesgos, le dio poder y sabiduría, y lanzó su liderazgo a una escala internacional.

¿Quien está en este momento acercándose a usted para pedirle ayuda? ¿Qué nueva idea de negocios no lo deja dormir por las noches? ¿Qué dones le ha dado Dios? ¿Qué oportunidad ha caído del cielo? ¿Qué desafío emocionante lo está atrayendo?

En definitiva, ¿a dónde siente usted que lo está guiando el Espíritu Santo? ¿Tiene frente a usted una oportunidad obvia para glorificar a Dios?

Busque las puertas abiertas. Busque oportunidades para realizar un trabajo eficaz. Arremánguese.

Y luego entre por esa puerta en fe.

Deje los resultados para otro

Hace algunos años, escuché un *pódcast* excelente de Andy Stanley sobre liderazgo, quien decía: «Sea obediente a Dios y confíele las consecuencias. Viva su vida como si verdaderamente Dios se hiciera totalmente responsable de los resultados de su liderazgo».

¿Significa esto que deberíamos simplemente relajarnos y seguir la corriente? No. Debemos incomodar. Debemos innovar. Debemos confrontar. Debemos animar.

Aunque, como líderes, todavía tenemos que dirigirnos hacia el futuro, Stanley afirma que no se trata de dejar nuestra marca en el mundo, sino de que Dios deje su marca a través de nosotros.

Si grabamos este concepto en nuestra mente (es decir, que Dios es el responsable de los resultados de nuestro liderazgo), nos encontraremos en la posición perfecta para que Él haga lo que desea a través de nosotros.

> «Ahora quédense aquí y vean la maravilla que el Señor está a punto de hacer.» (1 Samuel 12:16 NTV)
> Espere por el #liderazgo de Dios.

Olvídese de edificar un legado

Si su meta en la vida es que todos lo recuerden a usted y lo que ha hecho, ¿en qué se diferencia esto de la idolatría (algo que Dios odia)?

EL LLAMADO Y EL LEGADO

Solemos definir el «legado» como el hecho de pasar lo mejor de nosotros a la siguiente generación. Pero cuando analizamos la mecánica de lo que realmente significa «legado», no podemos evitar la imagen que se nos viene a la mente de erigir una estatua de nosotros mismos para el beneficio de adoradores futuros.

En lo personal, lucho en esta área en relación con el tema de escribir libros. Antes me imaginaba a la gente que algún día vendría a mi funeral, vería una mesa repleta de mis libros y se maravillaría de lo que yo habría logrado en la vida. Esta es mi estatua, un ídolo que debo derribar. Sin embargo, siento el llamado a escribir, por lo que experimento esta tensión espiritual que genera mi llamado. Me imagino que algo similar debe ocurrirles a los predicadores, los músicos y otras personas públicas que glorifican a Dios a través de su trabajo en los escenarios o en los podios.

Durante décadas, me dediqué a escribir novelas de fantasía y de suspenso que nunca se publicaron. Estaba frustrado en gran manera, pero me había jurado a mí mismo pasar el resto de mi vida intentándolo hasta que mis libros se publicaran. ¡Quería tener fanáticos (o «seguidores», como se dice hoy en día)!

Cuando me convertí en cristiano en mis veinte, rápidamente me di cuenta de que no podía seguir escribiendo sobre las mismas cosas. Nada de eso honraba al Señor. Y mi actitud acerca de escribir tampoco.

Así que abandoné la novela en la que estaba trabajando en ese momento y dediqué a Dios mi futura carrera de escritor.

Decidí enfocarme en principios bíblicos. Me comprometí a animar a los líderes cristianos y también a alcanzar a los no cristianos que apreciaban (o tenían curiosidad, por así decirlo) lo que las antiguas Escrituras tenían para decir sobre liderar personas y manejas empresas.

Todavía corro el riesgo de que Dios me reprenda por edificar un nombre para mí mismo. Y esto me hace pausar cuando escribo. También me entristece ver amigos en el ministerio que se edifican a sí mismos, lo que me obliga a examinar mis propias motivaciones.

Esto me ha llevado a edificar el nombre de Dios en el pilar de mi vida. Si usted tiene un blog o escribe libros o habla frente a grupos, ¿podría tomar este compromiso junto conmigo?

Deseo edificar a los demás, edificar a la siguiente generación. Edificar ministerios, amistades y mi matrimonio. Y deseo hacerlo edificando mi vida en la Palabra de Dios mediante la guía del Espíritu Santo.

Está bien edificar conocimiento, sabiduría y carácter, ya que son útiles en la economía de Dios y pueden pasarse a otras personas.

Pero dejemos de obsesionarnos con el concepto de «legado». No estamos aquí para edificar legados, sino para obedecer al Señor, amar a los demás y dejar un depósito para la próxima generación.

CAPÍTULO 13

DESARROLLO DEL LIDERAZGO

Introducción

> «No se amolden al mundo actual, sino sean transformados mediante la renovación de su mente.» (Romanos 12:2a) El #liderazgo comienza con la renovación.

> «Nosotros, por nuestra parte, tenemos la mente de Cristo.» (1 Corintios 2:16b) La mente de #liderazgo debería pensar diferente con Cristo que sin Cristo.

¿Alguna vez cambió usted su opinión acerca de algo importante y se preguntó cómo pudo haber creído algo que estaba tan errado?

Por mi parte, yo cambié de opinión drásticamente acerca de varios temas. Antes de convertirme en cristiano en mis veinte, yo creía que el aborto estaba bien. Ahora estoy totalmente en contra. Solía creer en la evolución natural, pero me convencí acerca del poder creativo de Dios en el instante de creer en Jesús. Pensaba que la gente era buena por naturaleza, pero ahora sé que las personas son pecadoras hasta la médula.

¿A usted también la fe le ha cambiado drásticamente la forma de pensar? Yo estaba en gran parte de acuerdo con el patrón de pensamiento del mundo. Pero cuando Dios me llenó con su Espíritu, lo primero que cambió en mi vida fue mi manera de pensar. Esto me ayudó a pecar menos y a cambiar mis deseos y mis hábitos. La transformación de adentro hacia afuera ocurrió rápidamente, tal como lo describe el apóstol Pablo en Romanos:

> «No imiten las conductas ni las costumbres de este mundo, más bien dejen que Dios los transforme en personas nuevas al cambiarles la manera de pensar. Entonces aprenderán a conocer la voluntad de Dios para ustedes, la cual es buena, agradable y perfecta.» (Romanos 12:2 NTV)

Mientras va cambiando nuestra manera de pensar, nos resulta más fácil apartarnos de las costumbres del mundo. Entonces la voluntad de Dios se nos presenta de forma más evidente, a medida que se levanta la niebla y comenzamos a pensar sus pensamientos y oír sus palabras.

Para que Dios pueda hacer esto, debemos encontrar nuestra identidad en Jesús. Esto establece nuestro cambio: «si alguno está en Cristo, es una nueva creación» (2 Corintios 5:17). Luego recibimos al Espíritu Santo y comenzamos a considerar a las personas y la vida desde una perspectiva espiritual, lo que nos lleva a actuar y pensar de forma diferente.

El Espíritu, de forma íntima, le susurra a la mente recreada palabras, pensamientos, impresiones y emociones. ¡Qué hermoso!

Nuestro desarrollo personal fluye de esta relación. Comenzamos a parecernos a Cristo. Y la gente se da cuenta.

Creo que optar por este desarrollo personal, y también animar a nuestros seguidores a procurarlo, es lo más importante que podemos hacer como líderes. Pero, ¿qué ocurre si hemos sido cristianos por muchos años y hemos recorrido kilómetros de liderazgo? ¿Es muy tarde para cambiar?

Por supuesto que no. Sin embargo, puede resultar abrumador saber dónde comenzar cuando la lista de aspectos a cambiar incluye el carácter, la personalidad, los hábitos, cómo tratamos con los fracasos y muchas otras áreas del liderazgo.

El mejor lugar para comenzar es comprender que Dios nos conoce mucho mejor de lo que nos conocemos a nosotros mismos.

> «Señor, tú me examinas, tú me conoces.» (Salmos 139:1) Aun cuando nadie más me comprenda.
> #liderazgo

Él conoce nuestros pensamientos y deseos más profundos, nuestros defectos y el «cableado» de nuestro cerebro. Nos creó de la manera que somos y nos hizo con un propósito y un plan específicos. Dios ha diseñado un proceso para cambiarnos. Como se dice hoy en día, esto es lo que se llama «desarrollo personal»... pero del tipo que llega hasta lo más profundo de nuestro ser y de nuestra alma.

En esta sección, analizaremos cómo descubrir e implementar los planes de desarrollo que Él tiene para nosotros.

> «[...] según el plan de aquel que hace todas las cosas conforme al designio de su voluntad.» (Efesios 1:11b) El #liderazgo no es mi voluntad, sino la de Él.

> «Erige el santuario ciñéndote al modelo que se te mostró en el monte.» (Éxodo 26:30) Señor, ¡muéstrame tu plan para mi #liderazgo!

Comience en la Palabra... y permanezca en ella

Una de las formas básicas que existen para oír a Dios es leer la Biblia. Muchas personas se preguntan cómo pueden conocer la voluntad de Dios para sus vidas, pero nunca abren la Palabra. Tal vez sea porque creen que solo es un libro antiguo que no tiene mucho para decirnos sobre la vida hoy en día. Pero ocurre todo lo contrario:

> «[...] la palabra de Dios es viva y poderosa.» (Hebreos 4:12a) ¿Por qué no leerla, entonces? #liderazgo

¡Qué extraño pensar que un libro está vivo! ¿Cómo puede ser posible?

La Palabra de Dios es más que palabras. Es una persona: «En el principio la Palabra ya existía. La Palabra estaba con Dios, y la Palabra era Dios» (Juan 1:1 NTV).

Es inspirada. «Porque la profecía no ha tenido su origen en la voluntad humana, sino que los profetas hablaron de parte de Dios, impulsados por el Espíritu Santo» (2 Pedro 1:21).

Es eterna. «El cielo y la tierra pasarán, pero mis palabras jamás pasarán» (Mateo 24:35).

Es perfecta. «Las palabras del Señor son puras, son como la plata refinada, siete veces purificada en el crisol» (Salmos 12:6).

Juzga. «[...] juzga los pensamientos y las intenciones del corazón» (Hebreos 4:12c).

Se difunde. «Pero la palabra de Dios seguía extendiéndose y difundiéndose» (Hechos 12:24).

Choca. «Tomen el casco de la salvación y la espada del Espíritu, que es la palabra de Dios» (Efesios 6:17).

Guía. «Tu palabra es una lámpara a mis pies; es una luz en mi sendero» (Salmos 119:105).

El primer paso del plan de desarrollo personal de todo líder cristiano debería consistir en un régimen de lectura de la Biblia. Las instrucciones son simples: lea todos los días y, cada vez que encuentre algo que le habla directamente a usted, póngalo en práctica.

> «No se contenten solo con escuchar la palabra, pues así se engañan ustedes mismos. Llévenla a la práctica.» (Santiago 1:22) Lo que se exige de nuestro #liderazgo.

«—Dichosos más bien —contestó Jesús— los que oyen la palabra de Dios y la obedecen.» (Lucas 11:28)

DESARROLLO DEL LIDERAZGO

Si hace bastante tiempo que usted es creyente, tal vez sea hora de ver la Biblia con ojos nuevos. Aquí hay algo que puse en práctica y me sorprendió completamente:

> ¿Desea ver la Biblia con ojos nuevos? Lea el Libro de Apocalipsis de un tirón, sin detenerse a estudiarlo. Alucinante. #liderazgo

A veces, leer libros de la Biblia de un tirón puede impulsar la vida espiritual de un líder. Cuando lo hago, leer todo ese contexto tan rico ilumina la Palabra de una forma completamente nueva para mí. Si usted está acostumbrado a leer solo unos versículos a la vez o a escuchar sermones basados en pasajes breves, esta práctica puede resultarle innovadora.

> «No estamos escribiéndoles nada que no puedan leer ni entender.» (2 Corintios 1:13a) La Biblia es accesible. #liderazgo

Si deseamos desarrollar nuestro liderazgo y nuestra vida, debemos comenzar con el libro que está vivo.

Resista la cultura

> Resista las «tradiciones humanas», que están «de acuerdo con los principios de este mundo», y dependa de Cristo (Colosenses 2:8). El #liderazgo resiste y depende.

Incluso mientras profundizamos en la Palabra, debemos dejar el mundo atrás. No se trata de escaparnos de la cultura y vivir en una cueva, sino que, cuando reconocemos la influencia negativa que el mundo ejerce en nuestras vidas espirituales, la única opción viable es resistir la atracción de la cultura.

> «¡Sálvense de esta generación perversa!» (Hechos 2:40b) El #liderazgo consiste en no inclinarse ante la cultura popular.

Con el transcurso del tiempo, el mundo, mediante la influencia de Satanás, desea esclavizarnos. Desde nuestra niñez vivimos expuestos a imágenes explícitas en Internet, películas llenas de violencia y lenguaje explosivos, y música que glorifica todo lo anterior. A medida que crecemos, nos tienta el deseo de tener riquezas, fama y comodidades, y, si no tenemos cuidado, esa tentación moldeará nuestro liderazgo.

> «[...] cada uno es esclavo de aquello que lo ha dominado.» (2 Pedro 2:19) La influencia cultural genera un #liderazgo mundano.

¿Cómo resistimos estas influencias? Debemos depender de Cristo. Y hay algo más que debemos hacer:

> «Si alguien quiere ser mi discípulo —les dijo—, que se niegue a sí mismo.» (Marcos 8:34b) El #liderazgo debe rechazar la autogratificación.

La cultura quiere que nos gratifiquemos a nosotros mismos. Jesús desea que nos neguemos a nosotros mismos.

En el liderazgo, una forma práctica de negarnos a nosotros mismos es ejercer la humildad.

Descubra la verdadera humildad

En el mercado actual, el liderazgo humilde ha llegado a convertirse en algo trillado y exagerado. Al principio se trataba de un concepto novedoso; luego, a medida que se iba secularizando y se ignoraba su origen bíblico, muchos líderes simplemente comenzaron a *actuar* de forma humilde porque esto les daba resultado.

La falsa humildad es algo que me molesta muchísimo. Pero yo tampoco soy tan inocente: en ocasiones he fingido ser humilde mientras, en mi interior, disfrutaba secretamente de recibir la atención. Estoy seguro de que usted también lo ha hecho al menos alguna vez.

La verdadera humildad no es fácil de entender ni de practicar. Hay muchos obstáculos. Sin embargo, existe un argumento muy convincente que me motiva a intentar ser humilde:

> Humillarnos a nosotros mismos es más fácil que dejar que alguien lo haga por nosotros. #liderazgo

¡Y vaya si habré aprendido esto de la manera más difícil! Cuando dejo pasar la oportunidad de mantener mi ego a raya, el Señor siempre trae a alguien más para que me salve de mí mismo. En otras ocasiones, cometo un error, me expreso mal o de alguna manera doy un paso en falso, con lo que quedo expuesto y avergonzado.

La vergüenza viene porque espero que la gente vea que soy humilde y, cuando se dan cuenta de que no lo soy, me siento un hipócrita y creo que he deshonrado la fe y al mismo Señor.

> Mi mejor desarrollo en el #liderazgo ocurre cuando Dios permite que yo sea humillado.

DESARROLLO DEL LIDERAZGO

Por lo tanto, el antídoto consiste en asegurarme de que permanezco en mi lugar.

> «Nadie tenga un concepto de sí más alto que el que debe tener.» (Romanos 12:3b) La humildad en el #liderazgo debe darse al nivel de los pensamientos.

> «No hay un solo justo, ni siquiera uno.» (Romanos 3:10) El #liderazgo no hace a nadie superior ante los ojos de Dios.

> «[...] el que se humilla como este niño será el más grande en el reino de los cielos.» (Mateo 18:4) La humildad conduce a la grandeza. #liderazgo

Una vez que aceptemos y procesemos la humildad en nuestras vidas y en nuestro liderazgo, creo que estaremos listos para el siguiente paso en nuestro viaje.

Transite por la humildad hacia la sabiduría

> Aunque usted esté a cargo, «[no sea] sabio en [su] propia opinión.» (Proverbios 3:7a) ¡Pero hágase cargo!

La humildad y la sabiduría juntas son dos fuerzas complementarias que nos moldean y nos capacitan para liderar. La Biblia nos enseña que la humildad es sabia y que los sabios son humildes.

Si el puesto que usted ocupa requiere liderar de manera visible, no hay manera de evitar el estar frente a la gente. Y surge la pregunta: ¿cómo se puede ser humilde? Una respuesta es imitar lo que hizo Jesús, quien llegó a ser el centro de atención, pero supo atravesar sabiamente esta circunstancia hacia una visión mucho más grande.

En nuestro liderazgo diario, la sabiduría se debate en la delgada línea entre el orgullo y la humildad, reduciendo el orgullo y reforzando la humildad. Un verdadero líder siervo emplea la sabiduría con gran eficacia, a la vez que mantiene siempre presente la visión de Dios para su propia vida.

A continuación encontrará dos listas de verificación que le brindarán mayor orientación bíblica. La primera lista examina lo que hacen los líderes necios, y la segunda nos ayuda a reconocer y desarrollar la sabiduría en el liderazgo.

¿Qué nos vuelve necios?

> «Hay un mal que he visto en esta vida, semejante al error que cometen los gobernantes: al necio se le dan muchos puestos elevados.» (Eclesiastés 10:5-6a) Primer error de #liderazgo.

Como líderes, nuestra primera responsabilidad es asegurarnos de no contratar ni designar otros líderes necios. «¡Obvio!», exclamará usted. Pero la Biblia nos brinda algunas pautas sabias que nos ayudarán a evaluar a los candidatos.

1. ¿El líder cree en Dios?

> «Dice el necio en su corazón: "No hay Dios".» (Salmos 14:1a) El #liderazgo sin Dios no es un verdadero liderazgo.

2. ¿El líder habla demasiado?

> «El necio multiplica palabras.» (Eclesiastés 10:14a RVA) Las antenas del #liderazgo deberían ser sensibles a la verborrea.

> «Cuantas más palabras decimos, menos sentido tienen. Entonces, ¿para qué sirven?» (Eclesiastés 6:11 NTV) Un #liderazgo silencioso es provechoso.

3. ¿A este líder lo mueve la intuición emocional y rápida?

> «El entusiasmo sin conocimiento no vale nada; la prisa produce errores.» (Proverbios 19:2 NTV) #liderazgo = celo con información.

> «El corazón entendido va tras el conocimiento; la boca de los necios se nutre de tonterías.» (Proverbios 15:14) El #liderazgo es aprender.

4. ¿El líder trata los síntomas o comprende las causas?

> A medida que lideramos, debemos mirar más profundo. «Ustedes se fijan sólo en la apariencia de las cosas.» (2 Corintios 10:7a RVC)

5. ¿A este líder lo mueve el conflicto?

> «Honroso es al hombre evitar la contienda, pero no hay necio que no inicie un pleito.» (Proverbios 20:3) ¡PAZ en la oficina!

El desafío es discernir estos defectos de carácter en un líder potencial antes de colocarlo en una posición de autoridad. Cuando comenzamos a observar estos defectos en los líderes que ya son parte de nuestro equipo, es muy difícil que podamos arrancarlos de raíz.

¿Qué nos vuelve sabios?

«Mantente a distancia del necio, pues en sus labios no hallarás conocimiento.» (Proverbios 14:7)

La primera regla para evitar la necedad es mantener a los necios a raya. Y a la inversa: la primera regla de la sabiduría es rodearnos de sabios.

> «El que con sabios anda, sabio se vuelve.» (Proverbios 13:20a) Desarrollo del #liderazgo por ósmosis.

Las siguientes preguntas de inventario personal pueden ayudarle a identificar sobre qué cosas debería trabajar en su búsqueda personal de sabiduría.

1. ¿He pedido sabiduría?

> «Yo te ruego que le des a tu siervo discernimiento para gobernar a tu pueblo.» (1 Reyes 3:9a) Un joven rey que quiso tener sabiduría antes que éxito. #liderazgo

> «Yo te pido sabiduría y conocimiento para gobernar a este gran pueblo.» (2 Crónicas 1:10a) Aunque ya era todo un éxito, Salomón quería más sabiduría. #liderazgo

2. ¿Actúo sabiamente?

> «Pero la sabiduría queda demostrada por sus hechos.» (Mateo 11:19b) El #liderazgo de Jesús fue criticado, pero sus acciones lo establecieron.

3. ¿Mido mis palabras?

> «El que mucho habla, mucho yerra; el que es sabio refrena su lengua.» (Proverbios 10:19) ¡Basta de reuniones extensas!

> «El falto de juicio desprecia a su prójimo, pero el entendido refrena su lengua.» (Proverbios 11:12)

4. ¿Busco con paciencia bajo la superficie?

> «Los pensamientos humanos son aguas profundas; el que es inteligente los capta fácilmente.» (Proverbios 20:5) El #liderazgo se adentra detrás de la cortina.

> «El buen juicio hace al hombre paciente; su gloria es pasar por alto la ofensa.» (Proverbios 19:11) A veces, el #liderazgo pasa por alto ciertas cosas.

5. ¿Trato afanosamente de comprender los caminos de Dios?

> «Así que Dios tiene misericordia de quien él quiere tenerla, y endurece a quien él quiere endurecer.» (Romanos 9:18) Nuestro #liderazgo debe inclinarse ante un Dios misterioso.

«Pues así como los cielos están más altos que la tierra, así mis caminos están más altos que sus caminos y

mis pensamientos, más altos que sus pensamientos.»
(Isaías 55:9 NTV)

Este último punto tal vez sea el más sabio de todos: independientemente de cuánta sabiduría nos otorgue Dios, nunca comprenderemos todos sus caminos.

Afortunadamente, su Palabra nos revela qué debemos saber aquí y ahora.

Encuentre una mejor versión de usted mismo

Usted necesita cambiar algo de su personalidad innata de liderazgo. Yo también debo hacerlo.

¿Le vendría bien una sacudida de energía? ¿O un manto de tranquilidad? ¿Tal vez necesita un poquito más de humor? ¿O hacer menos chistes groseros?

Nuestra personalidad natural es algo testaruda, y ciertamente no es ideal. Cuando intentamos adoptar las mejores cualidades que observamos en otras personas, nuestro instinto de supervivencia se resiste. Sin mencionar que el pecado enciende nuestro ego, nuestros miedos y nuestra ambición egoísta. Solamente cosas tales como la humildad, la obediencia y el amor nos pondrán en camino para andar como Cristo.

Porque es *su* personalidad la que deberíamos estudiar e imitar. La Biblia nos llama a cada uno de nosotros a ser versiones más completas y maduras de nosotros mismos, a la vez que vamos adoptando la personalidad de Cristo.

Podemos permanecer fieles al estilo de liderazgo que nos ha dado Dios y, al mismo tiempo, permitir que la Palabra de Dios y el Espíritu Santo nos moldeen para llegar a ser una nueva creación.

Así que la forma en que conciliamos esta tensión es el punto óptimo de todo liderazgo según Dios.

Tenga cuidado de este silencioso asesino de liderazgos

La multitud era tan sofocante que las personas se atropellaban unas a otras. Sin embargo, antes de dirigirse a ellas, Jesús llevó aparte a sus discípulos para darles unas lecciones rápidas.

La primera de estas lecciones la encontramos en Lucas 12:1b-3:

> «Cuídense de la levadura de los fariseos, o sea, de la hipocresía. No hay nada encubierto que no llegue a revelarse, ni nada escondido que no llegue a conocerse. Así que todo lo que ustedes han dicho en la oscuridad se dará a conocer a plena luz, y lo que han susurrado a puerta cerrada se proclamará desde las azoteas.»

Cristo aprovechó ese momento para enseñar a su círculo íntimo que, aunque las multitudes vean una versión de nosotros, otra versión diferente mora dentro de nosotros. Nuestros corazones pecadores crean un yo interior que procura lo suyo propio.

El yo que dejamos que otros vean por lo general es mejor que el verdadero yo interno, pero Jesús quería que su equipo principal achicara la brecha entre ellos. Y quiere lo mismo para nosotros hoy.

Jesús nos da una cruda advertencia: la gente se enterará de quiénes somos.

Tenga cuidado de lo que dice cuando piensa que nadie lo está oyendo, porque igualmente saldrá a la luz. Tenga cuidado de lo que mira, porque alguien pasará a su lado y dará un vistazo a su pantalla. Tenga cuidado de lo que piensa, porque se reflejará en su rostro.

Cuando la brecha entre nuestro yo interno y nuestro yo externo e hipócrita se ensancha, solemos caer en ella.

No caiga en la falacia de la autenticidad

Estoy seguro de que usted ya ha oído hablar acerca de la tendencia de la «autenticidad»: simplemente sea auténtico y todos lo amarán. Comparta sus sentimientos, abrace sus emociones, revele sus errores y entonces se convertirá en un líder, en un abrir y cerrar de ojos.

> Dependiendo del contexto de #liderazgo, existe el riesgo de llegar a ser por demás auténticos.

Pero la falacia radica en que, a menudo, no quiero que mi líder sea auténtico... solo quiero que me diga qué tengo que hacer. A veces necesito que mi líder sea fuerte y se encargue de lo difícil. Es genial que mi líder sea una persona real, pero si me dice cuán cansado está o lo inadecuado que se siente, mi confianza en su liderazgo vacilará.

Huya de sus hábitos hacia el fuego

Todo líder tiene hábitos que drenan su eficacia. No me refiero a estacionar el automóvil en el mismo lugar o tomar café a la misma hora todos los días, sino a esos malos hábitos que nos van frenando, nos avergüenzan, impiden nuestra eficacia u obstaculizan nuestro liderazgo de alguna manera.

En mi caso, abandono conversaciones muy rápidamente, no hago las suficientes preguntas, evito las reuniones, no termino una tarea sin darle un vistazo a la ardilla que está pasando, no socializo lo suficiente, vacilo a la hora de involucrarme en algo y, probablemente, doy la sensación de ser distante.

Ese soy yo... ¿y usted? ¿Habla mucho, muy rápido, o con aspereza? ¿Sus emociones le juegan una mala pasada?

Lo importante es identificar sus malos hábitos y trabajar en ellos. Si queremos crecer como líderes, no podemos permitir que nuestro antiguo yo defina quiénes seremos siempre.

Una de las razones por las que Dios permite el dolor en nuestras vidas es para refinarnos y ahondar en nosotros mismos. Dios desea conformarnos a la semejanza de su Hijo. Eso es un cambio radical.

«Tú, Dios nuestro, nos has puesto a prueba; nos has refinado como se refina la plata.» (Salmos 66:10 RVC)

«Quita la escoria de la plata, y de allí saldrá material para el orfebre.» (Proverbios 25:4)

El principal ingrediente en una fundición de plata no es la plata, sino el fuego. Una gran cantidad de calor produce un pequeño metal valioso, maleable y precioso.

De más está decir que Dios continuará refinándonos de maneras que no podríamos lograr por nosotros mismos. Él trabaja en el corazón, y nosotros podemos trabajar en obedecer su Palabra y ejercer el autocontrol.

Así que, a medida que intentamos controlar nuestra lengua, nuestros ojos y nuestras acciones, permitamos que el Señor nos moldee en hermosos vasos de plata que pueda utilizar para derramar gracia sobre aquellos a quienes lideramos.

Incluso si convertirnos en plata duele.

> «Cada cual examine su propia conducta.» (Gálatas 6:4a) El #liderazgo comienza por dirigirnos a nosotros mismos.

Imite al centurión fiel

«Les digo que ni siquiera en Israel he encontrado una fe tan grande.»

(Lucas 7:9b)

Mi amigo Dann Spader afirma que el centurión fue un líder que impresionó incluso a Jesús. La historia que leemos en Lucas 7:1-10 nos muestra las cualidades del carácter de este asombroso hombre.

- Era un hombre que «estimaba mucho» a su siervo, algo extraño para un centurión romano (v. 2).
- Era un hombre hecho y derecho, y tenía cien hombres a su cargo (v. 2).
- Con su «fe tan grande» «asombró» a Jesús, algo que solo ocurre con dos personas en toda la Biblia (v. 9).
- Era muy respetado por los líderes religiosos (v. 4).
- Apreciaba a Israel, algo extraño para un soldado romano (v. 5).
- Llevaba un estilo de vida de generosidad (v. 5).
- Tenía muchos otros amigos (v. 6).
- Era verdaderamente humilde (v. 7).
- Entendía cómo funcionaba la verdadera autoridad, algo extraño incluso hoy en día (v. 8).
- Creyó profundamente (v. 10).

Aunque nunca se nos menciona el nombre del centurión, Jesús manifiesta que es una persona que pone en práctica los principios del Sermón del Monte.

Este hombre encarnaba el verdadero liderazgo espiritual. Observemos una vez más la lista anterior: ¿en qué cualidades necesita usted trabajar más? ¿Qué líderes que están a su alrededor podrían beneficiarse al estudiar esta historia de las Escrituras?

No sea simplemente usted mismo

Sergio De La Mora, pastor principal de la iglesia Cornerstone de San Diego, California, sostuvo lo siguiente en un artículo publicado en la revista *Outreach* del año 2013:

> «Dios me dijo claramente que dejara de ser el pastor que yo *quería* ser y comenzara a ser el pastor que la comunidad *necesitaba* que yo fuera. Y aunque fue solo una orden muy breve, produjo una reacción en cadena que cambió el curso de nuestra iglesia para siempre.»

Esto se aplica para el liderazgo en general: no debemos ser simplemente los líderes que aspiramos ser, sino los que nuestra empresa, nuestra iglesia, nuestro equipo y nuestra familia necesitan que seamos.

También es cierto que las situaciones y las circunstancias cambian, lo que requiere que lideremos de forma diferente, que seamos diferentes. Entonces, ¿cómo puedo saber quién debo ser en un momento determinado? ¿Debo realizar un catálogo mental de varias personalidades y utilizar una distinta cada vez que la gente necesita algo diferente? Después de todo, ¿no debería ser yo mismo y listo?

Las Escrituras nos aclaran esto de forma tajante:

> «Los que dicen que viven en Dios deben vivir como Jesús vivió.» (1 Juan 2:6 NTV)

Ya sea que lideremos miles de personas o ninguna, este mandamiento se aplica a nosotros. Debemos imitar a Cristo, la forma en que anduvo y habló en esta vida. Es como calzarnos sus sandalias mientras sus pies siguen allí.

Si andamos como Él, no podremos evitar actuar como Él. Después de un tiempo, debería haber cierto parecido. Si estamos en Él, lideraremos como Él, amaremos como Él y viviremos como Él.

Las personas a las que usted lidera, ¿quién necesitan que usted sea realmente? ¿Necesitan una versión diferente de usted dependiendo del día? ¿O alguien que actúe como Jesús todo el tiempo?

¿Cómo puede usted crecer como líder?

Debemos continuar creciendo si deseamos que nuestra gente crezca.

¿Lee usted muchos libros sobre liderazgo o asiste a conferencias? A menudo, siento que leo y estudio demasiado sobre temas de liderazgo. Cuando hacemos esto, corremos el riesgo de no estar creciendo en la práctica, sino simplemente en conocimiento. Y de más está decir que el conocimiento, por sí mismo, nos infla.

Indiscutiblemente, el mejor desarrollo del liderazgo ocurre cuando andamos con el Espíritu Santo, leemos la Palabra y aceptamos las experiencias que Dios pone en nuestro camino. Si solo queremos liderar por el dinero, el poder, el ego o el legado, solo estaremos sirviéndonos a nosotros mismos y correremos el riesgo de ser considerados los menores en el Reino de Dios.

Un buen liderazgo rara vez surge sin tener un fundamento de experiencia. Pero nunca surge (particularmente en la iglesia) si el Espíritu Santo no está liderando al líder.

Tal como lo expresa el apóstol Pablo en Colosenses 2:8, debemos resistir las «tradiciones humanas, [que están] de acuerdo con los principios de este mundo» y depender de Cristo.

Cuando dependemos de Él, sabemos que vamos por el camino correcto, y nuestros seguidores nos agradecerán por ello.

Cuatro «cuellos de botella» que ahogan su liderazgo

Algo que todo líder debe hacer es identificar y eliminar los «cuellos de botella» en su propia organización.

Dependiendo de la cantidad de gente con la que cuente su personal o de la cantidad de voluntarios, el «cuello de botella», desde luego, tal vez sea *usted* (aunque no tocaremos este tema).

Pero, en primer lugar, definamos lo que es un «cuello de botella»: un punto de obstrucción donde el flujo de trabajo se vuelve más lento. Se trata de algo más que un reductor de velocidad o un montículo de escombros en el camino. Es como si el flujo sanguíneo de la organización se cortara y los músculos comenzaran a morir de hambre.

A continuación, mencionaré cuatro «cuellos de botella» muy comunes que van en contra de la productividad. Para cada uno, incluiré algunas preguntas que le ayudarán a determinar si, efectivamente, estos «cuellos de botella» se han escabullido en su organización.

1. Proyectos: Algunos proyectos se retrasan todo el tiempo, demandan más recursos, causan conflictos o cambian constantemente. Es posible que usted pueda nombrar en este mismo momento algún proyecto que ha estado en su lista por demasiados meses.

- ¿Qué ocurriría si el proyecto nunca se llevara a cabo? ¿Podría cancelarse sin que esto pusiera en riesgo la organización?
- ¿La gente saltaría de alegría si usted cancelara el proyecto?

2. Personalidades: Las diferencias de personalidad entre algunas personas no desaparecerán. Harán lo que sea posible por evitarse o por enfrentarse, lo que puede ser un problema si pertenecen al mismo equipo de trabajo, aun cuando fuera para un proyecto de corto plazo.

- ¿Puede usted hacer algunos cambios para que estas personas no tengan que trabajar juntas?
- ¿Ha tenido usted una charla honesta con estas personas de forma individual?
- ¿Alguna de estas personas debe retirarse?

3. Procesos: Un proceso que, transcurrido un tiempo prudencial, no se pule ni se somete a reconsideración suele convertirse en el «intocable». Se vuelve un obstáculo en el camino de la productividad, que la gente debe saltar o rodear.

- ¿Qué procesos deben revisarse?
- ¿Qué procesos nuevos deberían reemplazar procesos antiguos?

4. Intrigas: Este pequeño y desagradable «cuello de botella» puede sofocar la eficacia de una organización. Cuando la gente compite constantemente por su propio beneficio, el líder comienza a perder el control.

- ¿Hay alguien en su equipo que sea culpable de armar intrigas? Tenga presente su nombre al contestar la siguiente pregunta.
- ¿Cuándo fue la última vez que usted confrontó a esta persona por motivo de su conducta?

¿Qué otros «cuellos de botella» están asolando su lugar de trabajo? Tal vez sea el momento de hacernos algunas preguntas difíciles y lograr que el flujo de sangre circule nuevamente.

Lo que otros piensan sí importa

> «Hemos tratado de hacer lo correcto, no sólo ante los ojos del Señor, sino también ante los ojos de la gente.» (2 Corintios 8:21 PDT) Tenemos una audiencia.

> «Procuren hacer lo bueno delante de todos.» (Romanos 12:17b) La verdadera integridad del #liderazgo no discrimina.

Sabemos que Dios ve todo lo que somos y lo que hacemos, y sabemos que Él es el Único a quien debemos agradar por sobre cualquier otro.

Sin embargo, la gente también está mirando. Y si saben que somos cristianos, ¿no deberíamos tener mucho cuidado en ganar también su aprobación, para no traer deshonra a Dios, a quien seguimos?

Una de las maneras de mantenernos en pie bajo el fuego del escrutinio es manejar bien las cuestiones de dinero.

> «Manténganse libres del amor al dinero, y conténtense con lo que tienen.» (Hebreos 13:5a) Algo que, a veces, es difícil en el #liderazgo.

> «[...] así como sobresalen en todo [...], procuren también sobresalir en esta gracia de dar.» (2 Corintios 8:7) Un nuevo tipo de excelencia en el #liderazgo.

Nunca sabremos exactamente quién nos está mirando, pero podemos decir sin lugar a dudas que la audiencia del Único siempre está presente.

> La integridad es hacer lo correcto porque Dios está mirando. #liderazgo

CAPÍTULO 14

GOZO Y PAZ

Introducción

«El corazón tranquilo da vida al cuerpo, pero la envidia corroe los huesos.»

(Proverbios 14:30)

¿No es interesante que Salomón decidiera contrastar la paz con la envidia? Cuando tenemos envidia, en realidad nos estamos estresando por algo que no tenemos, mientras que la paz es estar satisfecho con lo que sea que tengamos. Cuando envidiamos, codiciamos, y esto es un pecado; «la piedad es una gran ganancia, cuando va acompañada de contentamiento» (1 Timoteo 6:6 RVC).

Hay poder en la paz: reduce el estrés, rejuvenece y produce vida. La ausencia de paz puede ser un indicador de ausencia de la mano de Dios.

«"No hay paz para el malvado", dice el Señor.» (Isaías 48:22)

La paz es precursora del gozo. Cuando hacemos las paces con Dios, gustamos su gozo. Cuando hacemos las paces con los demás, la reconciliación purifica nuestra conciencia y nos resulta más fácil sonreír.

Dios desea que seamos personas pacíficas por naturaleza.

> «Si es posible, y en cuanto dependa de ustedes, vivan en paz con todos.» (Romanos 12:18) El #liderazgo se esfuerza por la paz.

«Dichosos los que trabajan por la paz, porque serán llamados hijos de Dios.» (Mateo 5:9)

El amor es pacífico.
El gozo celebra la paz.
Un alma pacífica encuentra su descanso en Dios.

> «Que el Señor de paz les conceda su paz siempre y en todas las circunstancias.» (2 Tesalonicenses 3:16a) Mi oración por usted, que se esfuerza en el #liderazgo.

Cuando su tarea termine, renuncie

> «David volvió a su hogar para bendecir a su propia familia», una vez concluido su trabajo de #liderazgo. (1 Crónicas 16:43 NTV) ¡Un buen ejemplo!

El rey David estaba agotado. Había concluido una gran iniciativa de liderazgo compuesta de adoración, cantos y una reorganización del personal. Había trasladado el arca sagrada de Dios a Jerusalén, su legítimo hogar. Y ahora era el momento de irse a casa y «bendecir a su propia familia».

¿Alguna vez concluyó usted una tarea enorme o un gran proyecto y se sintió completamente agotado? O tal vez una gran cantidad de viajes programados lo mantuvieron fuera de casa y estaba listo para caer rendido en la cama. Este es el ritmo normal en mi vida. Ya sea que se trate de un proyecto para escribir un libro o hablar en una conferencia o prepararme para enseñar, ya me acostumbré al ciclo de «incremento, explosión de energía y depresión posparto».

En parte por necesidad, he aprendido a reagruparme después de quedar agotado. Pero también (y lo más importante) he aprendido a regular mi energía durante la sobrecarga, para que así me quede algo para mi familia.

No hay nada peor que el trabajo que se lleva lo mejor de nosotros y nos deja como un saco vacío para nuestra familia en casa, cuando, en realidad, ¡ellos deberían llevarse la mejor parte!

David (quien bien podría decirse que fue el rey más grande que haya caminado sobre la tierra) sabía cómo desacelerarse tranquilamente después de conquistar a sus enemigos, establecer un país y tener comunión con Dios.

Es un gran ejemplo de liderazgo que debemos imitar.

Cómo llenarse de gozo

Existen ciertas personas que simplemente son felices todo el tiempo. Y luego vengo yo... y probablemente usted.

Tenemos más altibajos, diferentes estados de ánimo y actitudes. Estamos cansados, nerviosos o simplemente queremos que llegue el retiro.

Muchos de nosotros dependemos del café para levantarnos por las mañanas y para mantenernos durante todo el día. Nos comemos cualquier cosa que contenga azúcar para levantar el ánimo.

No obstante, más allá de todos los estimulantes y discursos motivacionales a los que podamos recurrir, existe otra fuente de energía y gozo que podemos aprovechar, y que Dios nos da en su Palabra.

> «Los que buscan su ayuda estarán radiantes de alegría.» (Salmos 34:5a NTV)

GOZO Y PAZ

El depender de Dios y andar en cercanía con Él le aporta un aspecto especial a nuestro rostro. Probablemente la razón sea que, cuando así lo hacemos, se nos promete alegría.

También recibimos fuerza de ese gozo:

«[...] el gozo del Señor es nuestra fortaleza.» (Nehemías 8:10c)

Cuando estamos deprimidos o afligidos, Él nos levanta con gozo. Cuando lo necesitamos, Él nos ama tanto que derrama gozo sobre nosotros, incluso antes de ayudarnos. *Es el acto de confiar lo que nos concede gozo.*

¿Desea usted sentirse más relajado y feliz con su vida y su liderazgo? Haga uso del gozo.

> «[...] amor, alegría, paz, paciencia, amabilidad, bondad, fidelidad, humildad y dominio propio.» (Gálatas 5:22-23a) Esto es el #liderazgo guiado por el Espíritu.

Fuentes de gozo sorprendentes

> «Este es el día que hizo el Señor; nos gozaremos y alegraremos en él.» (Salmos 118:24 NTV) El #liderazgo bíblico es visionario y gozoso.

¿Qué cosas le dan a usted gozo en la vida? Probablemente se conozca muy bien a usted mismo y realice cosas que lo hacen feliz, ya se trate de vacaciones, rituales diarios, pasatiempos, tareas placenteras, actos de servicio, momentos de lectura o tiempos con amigos.

Estoy seguro también de que usted ha experimentado algunas situaciones muy difíciles que le han traído un gozo aun mayor: ¿alguna vez atravesó una prueba, un problema laboral, un partido difícil, un proyecto o un examen final que lo hayan llevado al límite? ¿Cómo se sintió cuando salió victorioso de esta experiencia?

Hay un gozo especial al otro lado de la dificultad (¡y esto es ciertamente de lo que se trata el cielo!). Anhelamos este gozo en un sentido espiritual. Y Jesús es nuestro ejemplo:

> «[...] por el gozo que le esperaba, soportó la cruz, menospreciando la vergüenza que ella significaba, y ahora está sentado a la derecha del trono de Dios.»
> (Hebreos 12:2)

Si Jesús soportó voluntariamente lo que hoy equivaldría a la silla eléctrica por el gozo que sabía que le esperaba del otro lado, ¡ciertamente nosotros también podemos hacer las cosas difíciles que nos está pidiendo que hagamos!

Para ayudarnos, Dios nos brinda varias maneras de acceder a su profundo gozo sin tener que abandonar esta vida.

La fe nos conduce al gozo. Cuando primero encontramos la fe y la salvación, el gozo también nos encuentra a nosotros:

«El carcelero los llevó a su casa, les sirvió comida y se alegró mucho junto con toda su familia por haber creído en Dios.» (Hechos 16:34)

El temor del Señor nos conduce al gozo. El tipo correcto de temor se fundamenta en nuestro amor por el Señor. Debido a que Él es todopoderoso, nunca sabemos lo que va a hacer, pero estamos completamente seguros de su amor por nosotros.

Imagínese haber estado entre los primeros que vieron al Cristo resucitado:

> Las primeras personas en ver a Jesús vivo estaban «asustadas pero muy alegres» (Mateo 28:8) ¡De esto también se trata el #liderazgo que teme a Dios!

El trabajo conduce al gozo. Todos buscamos un trabajo gratificante durante nuestra vida entera, incluso después del retiro. Necesitamos tener un propósito en la vida y, cuando encontramos un trabajo que nos encanta, encontramos una gran bendición de lo alto.

> «[...] te alegrarás ante el Señor tu Dios por los logros de tu trabajo.» (Deuteronomio 12:18b) ¡El trabajo es adoración!

Los problemas nos conducen al gozo. En 2 Corintios 8:2, el apóstol Pablo elogia a las iglesias de Macedonia: «En medio de las pruebas más difíciles, su desbordante alegría y su extrema pobreza abundaron en rica generosidad».

Para estas iglesias, las pruebas, el gozo y la pobreza condujeron a una generosidad sobreabundante. ¿Cómo puede ser posible? Tal vez porque sabían que sin la provisión de Dios no podrían ayudarse a sí mismas... y menos todavía apoyar a los misioneros.

Aun cuando el gozo esté sumergido en problemas, igualmente persevera. En el caso de las iglesias de Macedonia, se transformó en generosidad.

Si tenemos fe, temor del Señor, trabajo gratificante y generosidad más allá de nuestros recursos, nunca nos faltará el gozo.

CAPÍTULO 15

LA VIDA ESPIRITUAL MÁS PROFUNDA DEL LÍDER

Introducción

> «[...] ¡Sí, creo, pero ayúdame a superar mi incredulidad!»
>
> *(Marcos 9:24 NTV)*

Muchos de nosotros separamos lo secular de lo espiritual, aunque sea un poco. Ya sea que no creamos que la oración funciona, el Espíritu Santo habla o la Palabra es viva, cuando entramos en el «modo trabajo», no nos resulta difícil caer en algún tipo de incredulidad.

> «[...] ni siquiera hemos oído hablar del Espíritu Santo.» (Hechos 19:2b) Muchos cristianos podrían decir lo mismo.

El liderazgo cristiano requiere un constante aporte espiritual. Es por eso que siempre trato de orar o leer la Biblia antes de comenzar mis tareas cada día. Si no lo hago durante uno o dos días, se genera un sentido de distancia.

Cuando me alejo de Dios, lo secular se desliza nuevamente en mis pensamientos, y comienzo a depender de mi propia fuerza, a orar menos y a sentir menos compasión, entre otras cosas.

> «Acérquense a Dios, y él se acercará a ustedes.» (Santiago 4:8a)

Parte de la solución es acercarnos al Señor, de forma habitual, a través de la lectura, la oración, la adoración y la práctica de la fe. Y digo «práctica» porque, cuanto más hacemos algo, mejor lo haremos. La fe viene de Dios, pero también es un músculo que debemos ejercitar para que sea eficaz.

> «Tú eres fiel con quien es fiel.» (2 Samuel 22:26a)
> Primero somos fieles; luego, Él responde. El #liderazgo va primero.

Así, a medida que lideramos, nunca debemos perder de vista el mundo interior invisible del Espíritu. Él es nuestro líder, nuestro proveedor, nuestro protector, nuestro refinador... Él es nuestro todo.

Trabaje según los impulsos de Dios

Cuanto más vivo y lidero, más me doy cuenta de que hago ambas cosas porque Dios así lo quiere.

> «[...] nuestra vida no nos pertenece; no somos capaces de planear nuestro propio destino.» (Jeremías 10:23 NTV) El #liderazgo es caminar en dependencia.

La Biblia nos recuerda en varias ocasiones quién es Dios y quiénes somos nosotros. Él es la razón por la que incluso estamos vivos. Tal como lo expresa Hechos 17:28, «puesto que en él vivimos, nos movemos y existimos».

Ahora, no quiero deprimirlo, pero ¿ha visto esa empresa o esa iglesia que usted levantó? Bueno, Él lo hizo. ¿Y todo ese dinero? Vino de la mano de Dios, no de algo especial que usted haya hecho.

«No se te ocurra pensar: "Esta riqueza es fruto de mi poder y de la fuerza de mis manos". Recuerda al

Señor tu Dios, porque es él quien te da el poder para producir esa riqueza.» (Deuteronomio 8:17-18a)

Dios está lleno de riquezas y poder sin fin. ¿Por qué, entonces, el dinero debería ser un obstáculo para Él, si Él ya es dueño de toda la tierra?

> «Su voz era como el sonido de muchas aguas, y la tierra resplandecía de su gloria.» (Ezequiel 43:2b NBLA) ¿Qué es NUESTRO #liderazgo en comparación?

Cuando leo versículos como este, me siento sobrepasado por su grandeza. Su voz es como una inundación, y su gloria brilla con mayor intensidad que el día más soleado.

> «Por tanto, al Rey eterno, inmortal, invisible, al único Dios, sea honor y gloria por los siglos de los siglos. Amén.» (1 Timoteo 1:17) ¡Solo un rey!

> «Santo, santo, santo es el Señor Todopoderoso; toda la tierra está llena de su gloria.» (Isaías 6:3b) El #liderazgo es inclinarse ante la gloria.

Los versículos que hablan acerca de la majestad de Dios son demasiados como para mencionarlos todos aquí. Sin embargo, ahora que decididamente tenemos en mente la gloria de Dios, coloquémoslo en su lugar legítimo y maravillémonos de su esplendor inescrutable.

Y luego agradezcámosle porque se inclina hasta nuestro nivel tan bajo y le importa lo que hacemos... e incluso mucho más, porque nos brinda un propósito divino.

> «Confirma en nosotros la obra de nuestras manos.» (Salmos 90:17b) Dios le da sentido al trabajo. #liderazgo

Adórelo

> «No voy a ofrecer al Señor mi Dios holocaustos que nada me cuesten.» (2 Samuel 24:24a) La adoración es más que asentir con la cabeza. #liderazgo

Cuando tenemos una relación verdadera con alguien, esa persona es la primera a la que llamamos cuando ocurre algo importante, a quien le enviamos un mensaje de texto para saber cómo está, con quien nos vemos en persona a menudo, y cuya opinión nos importa más que la de cualquier otra.

Si tenemos una relación con Dios, nos comunicamos con Él de forma similar. Pero, por sobre todas las cosas, lo adoramos: un tipo de «comunicación» que ni siquiera tenemos con nuestro propio cónyuge.

Adoramos a Dios porque nos ama como el Padre perfecto que es. Nos ama tanto que siempre cumple sus promesas:

> «Y ni una sola de las buenas promesas del Señor a favor de Israel dejó de cumplirse, sino que cada una se cumplió al pie de la letra.» (Josué 21:45)
> #liderazgo #confianza

Existen muchísimos aspectos perfectos del carácter de Dios, pero el mayor de ellos es su amor.

Y esa es la razón por la que lo adoramos.

Al encarar cada día, tenga en cuenta las siguientes maneras de adorar a su Padre.

Espérelo. «Porque así como el relámpago que sale del oriente se ve hasta en el occidente, así será la venida del Hijo del hombre» (Mateo 24:27). Esperamos aquel día en que Jesús regresará como el Rey en su dominio.

Busque su poder. Nuestra fe despierta la voluntad de Dios dentro de nuestra propia voluntad, para así lograr nuestros deseos. «Que él les dé el poder para llevar a cabo todas las cosas buenas que la fe los mueve a hacer» (2 Tesalonicenses 1:11b NTV).

En ocasiones, clame. Cuando sufrimos, a Dios le importa.

> «Como [...] has llorado en mi presencia, yo te he escuchado.» (2 Reyes 22:19b) Al humillarnos y clamar, Dios inclina su oído. #liderazgo

Ore sobre la marcha. ¡Inténtelo!

> «Después de orar al Dios del cielo, contesté [...]» (Nehemías 2:4b-5a NTV) El #liderazgo busca al Señor incluso mientras está hablando.

Dependa confiadamente. «La fe es la seguridad de recibir lo que se espera, es estar convencido de lo que no se ve» (Hebreos 11:1 NBV). Depender de Dios edifica gozo, paz y seguridad.

> «Que el Dios de la esperanza los llene de toda alegría y paz a ustedes que creen en él.» (Romanos 15:13a) Una bendición para su #liderazgo.

> «Es mejor refugiarse en el Señor que confiar en la gente.» (Salmos 118:8 NTV) Solo existe un Líder infalible.

«Ser» más que «hacer»

Cierta mañana, después de una reunión en la iglesia, me subí al automóvil y me preparé para ir a la oficina. Sin embargo, antes de encender el motor, hice una pausa.

Había una multitud de aves en los árboles cercanos, y sus cantos se mezclaban con el sonido de las hojas que crujían. Por un momento, descansé mis oídos y escuché.

Luego oí el sonido sibilante del tránsito, que provenía de una autopista cercana. Los sonidos naturales y los provocados por el ser humano se mezclaron por un momento, cada uno compitiendo por sobresalir.

Este contraste produjo en mí un pensamiento que pareció venir de Dios, como si Él me estuviera diciendo: «Esa gente corre con prisa para ir y hacer algo. Las aves simplemente están siendo aves, disfrutando las ramas donde se han posado en esta fresca mañana».

Acababa de terminar un proyecto de escritura a largo plazo, así que mi nivel de energía era bajo. Muchos meses de esfuerzo, agonía, oración e insomnio habían agotado todas mis reservas. Así que disfrutaba de momentos como este.

No me sentí apremiado por unirme al flujo del tránsito... no todavía. Deseaba reflexionar en la escena que me rodeaba y dejar que el Señor empapara mi mente con sus pensamientos. No me sentía listo para abandonar este santuario.

«Simplemente sé mi hijo», fue la impresión que recibí del Señor. Él quería que yo dejara de agitarme. Sentí cómo me llenaba con su presencia, cómo llenaba el espacio que había quedado vacío de todos mis esfuerzos. Pasé un par de minutos simplemente escuchando, descansando, siendo.

Ahora que su paz había desacelerado mis movimientos, finalmente encendí el motor.

Ingresé al tránsito y enfrenté mi día, consciente de que Dios me animaba a *ser*.

> «Todo será destruido. Por lo tanto, piensen qué clase de persona deben ser.» (2 Pedro 3:11a PDT) No se trata de lo que construimos, sino de lo que somos.

Imite la fe de Eva, la taxista

Una mañana, mientras llamaba un taxi en el aeropuerto de Miami, pensaba en que tendría por delante veinticinco minutos de mirar por la ventanilla.

«¡Buenos días!», exclamó la taxista con una amplia sonrisa y una voz alegre. Me llevó un minuto procesar su buen ánimo... nunca un taxista había demostrado tanta alegría al subirme a su automóvil.

Eva era una haitiana de cincuenta y cinco años de edad. Llevaba el cabello en largas rastas y, al hablar, tenía un fuerte acento. Cuando se comunicaba por radio a la base de la empresa de taxis, sonaba como si hablara francés, mezclado con un dialecto isleño.

Me pareció difícil de creer que su hija la odiara, pero así es como Eva comenzó a contarme la historia de su vida, a medida que nos adentrábamos en el tráfico.

Después de que su mamá falleciera trece años atrás, Eva no tuvo muchos deseos de visitar el cementerio. Entonces intensificó su hábito de fumar y llegó a liquidar dos cartones de paquetes de cigarrillos mentolados por día. Una mañana, tuvo una clara premonición de que moriría muy pronto.

Clamó a Dios para poder romper su adicción antes de que la adicción la enterrara: «¡Señor, si me salvas, te serviré!».

Aquella noche, durante un sueño intermitente, una «gran voz» le habló, y supo que era Dios. Él le preguntó si se acordaba de lo que había hecho el día anterior. Eva no lo recordaba. Luego continuó su agitado sueño, ahora salpicado de confusión.

Al día siguiente, Eva se hundió aun más en la depresión y los cigarrillos, hasta que, en un momento, sintió como si alguien la tomara de la nuca y la obligara a dormirse de nuevo.

Esta vez, la voz llenó sus sueños de poder y de claridad, diciéndole que ella no podía recordar lo que había hecho el día anterior debido a cómo estaba viviendo su vida. Dios le dijo que la salvaría de esa adicción y que ciertamente utilizaría la vida de Eva para su servicio.

Eva desbordaba de gozo al explicarme cómo Dios la había usado desde aquel día.

«Hablo de Él en las calles. A veces no sé qué decir. Él habla a través de mí». Eva me contó que todos los años regresa a Haití para compartir de Jesús con la gente de los pueblos cercanos a su antiguo hogar, en medio de un mar de vudú. En cierta ocasión, había cerca de trescientas personas en la multitud, y más de la mitad respondió de forma positiva a su mensaje.

«La gente se me acerca cuando termino de dar mi mensaje para decirme que desean conocer a este Dios del que les hablo. Pero me asombro cuando ocurre esto, ¡porque no me acuerdo de qué les dije! Las palabras de Dios fluyen a través de mí, y a veces ni siquiera las entiendo.»

No tuvimos tiempo de hablar acerca de su crianza religiosa y tampoco tuve la sensación de que hubiera tenido alguna capacitación teológica en su pasado.

Pero había gozo y poder.

Y una fe que me humilló.

CONCLUSIÓN: AMIGOS Y HERMANOS

Hace unos años, me hice amigo de Matt Bevin, el gobernador del estado de Kentucky. En cierta ocasión, hablando con uno de sus jóvenes hijos, me sorprendió la madurez del chico y la manera en que veía a Matt como un padre, más que como el gobernador. Parecía no impresionarle el cargo que su padre ocupaba, pero estaba enamorado de él como persona. ¡Vaya si esto me confrontó como padre y como líder!

Yo también debo recordar que mi posición no impresiona a mi familia ni a mis amigos. Dios es el Único que tiene una posición y un poder superiores. Y yo soy su siervo. Me ha dado una tarea, que consiste en liderar a un pequeño grupo de personas y en pastorear a mi familia.

Pero no puedo hacerlo solo... y usted tampoco. Es por eso que Dios ha depositado su Espíritu Santo en nosotros. Es por eso que Dios desea que oremos y andemos con Él. Y es por eso que nos dejó un ejemplo vivo de liderazgo piadoso en su Hijo.

CONCLUSIÓN: AMIGOS Y HERMANOS

> «El Hijo es el resplandor de la gloria de Dios, la fiel imagen de lo que él es.» (Hebreos 1:3a) La razón por la que el #liderazgo de Jesús fue perfecto.

Aunque estamos rodeados por lo divino y lo divino mora en nosotros, debemos también estar atentos a los amigos terrenales que el Señor ponga en nuestro camino.

> «Husai, el arquita, era el amigo del rey.» (1 Crónicas 27:33 NTV) ¿Tiene usted algún amigo que apoye su #liderazgo?

Espero que usted tenga a alguien en quien confiar, alguien cercano que lo conozca bien. Incluso podría tratarse de un pequeño grupo de confidentes o de compañeros a quienes rendirles cuentas.

Los verdaderos amigos son como la familia: nos aman a pesar de nuestros títulos, nuestros éxitos, nuestro poder o nuestro ego. Nos apoyan en nuestros momentos de vergüenza y desilusión.

> «En todo tiempo ama el amigo; para ayudar en la adversidad nació el hermano.» (Proverbios 17:17)

> «Hay amigos que llevan a la ruina, y hay amigos más fieles que un hermano.» (Proverbios 18:24)

CONCLUSIÓN: AMIGOS Y HERMANOS

Jesús desea ser su mejor amigo, más cercano incluso que su propia familia. Él desea tener con usted una relación tan fuerte que voluntariamente murió para derrotar al pecado que lo arrastra, al enemigo que lo ataca y a la muerte que, en definitiva, reclama la vida de todos nosotros.

> «Nadie tiene amor más grande que el dar la vida por sus amigos.» (Juan 15:13)

Al resucitar, Jesús nos ha abierto de par en par las puertas de la eternidad. Y ahora nos invita a vivir la vida al máximo.

Es mi deseo y mi oración que este libro lo haya animado a liderar con confianza como un siervo del Señor todopoderoso. Así es como lideró Jesús y, como su amigo más íntimo, Él desea ayudarlo a liderar de la misma manera.

> «Ustedes son mis amigos si hacen lo que yo les mando.» (Juan 15:14)

Así que, ahora, lideremos en la fuerza del Señor.

PARA PROFUNDIZAR EN EL TEMA

Tal como lo mencioné al principio de este libro, los microdevocionales y pasajes bíblicos que aparecen en casi todas las páginas se encuentran compilados en inglés en el sitio web **www.ServantLeaderStrong.com**, donde podrá leerlos, compartirlos, imprimirlos o usarlos como lo desee.

Le sugiero que copie los microdevocionales que le hayan llamado más la atención y los pegue en un documento por separado, para una futura referencia. Si usted es usuario asiduo de las redes sociales, podrá utilizar los microdevocionales para realizar publicaciones individuales en su plataforma favorita. Yo mismo publiqué todos los microdevocionales en Twitter hace unos años.

Para concluir, tenga en cuenta que nada puede reemplazar su propia lectura personal de las Escrituras. Acceda a la versión de la Biblia que más le agrade y comience con el Libro de Proverbios. La sabiduría que contiene este libro sobre temas de liderazgo no puede compararse con ningún otro libro.

RECONOCIMIENTOS

En Filipenses 4:9, el apóstol Pablo nos dice lo siguiente: «Pongan en práctica lo que de mí han aprendido, recibido y oído, y lo que han visto en mí, y el Dios de paz estará con ustedes».

Durante toda mi vida, muchos líderes piadosos me han bendecido en gran manera, demasiados para poder nombrarlos a todos aquí. He puesto en práctica mucho de lo que me han enseñado, y sus lecciones aparecen tanto en este libro como en otras partes.

A través de toda esta influencia y estímulo positivos, he sentido conmigo al Dios de paz. Puedo recordar muchas ocasiones en que esta presencia me fortaleció y me sostuvo.

Mi esposa, Karen, también me ha animado cada vez que he atravesado un valle. Con frecuencia, al andar juntos al unísono, hemos visto al Señor trabajar en nuestro matrimonio y nuestra familia de maneras sorprendentes.

Cualquiera sea el desafío que usted enfrente en su viaje de liderazgo de servicio, es mi oración que sienta la presencia llena de paz del Padre y que pueda oír su Palabra, que lo anima a ser fuerte y valiente.

RECONOCIMIENTOS

Y escuche la promesa que Dios le hace en el versículo que acabamos de leer: Él *estará* con usted mientras usted pone en práctica las palabras del Padre.

ACERCA DEL AUTOR

Tom Harper ha ayudado a poner en marcha asociaciones industriales, nuevos ministerios paraeclesiásticos y empresas dedicadas a los medios de comunicación. Su pasión por el liderazgo lo inspiró a fundar BiblicalLeadership.com, un sitio web que ofrece contenidos y recursos gratuitos para líderes cristianos. Es también autor de otros libros: la fábula de negocios *Through Colored Glasses: How Great Leaders Reveal Reality* (DeepWater, 2018), *Leading from the Lion's Den: 66 Leadership Principles from Every Book of the Bible* (B&H, 2010) y *Career Crossover: Leaving the Marketplace for Ministry* (B&H, 2007). El autor vive junto con su familia en Louisville, Kentucky, Estados Unidos de América, y asiste a la iglesia Southeast Christian Church.

Para comunicarse con Tom:
linkedin.com/in/tomrharper
twitter.com/TomRHarper

www.ingramcontent.com/pod-product-compliance
Lightning Source LLC
LaVergne TN
LVHW051516070426
835507LV00023B/3146